2판 1쇄 발행 2022년 1월 28일 | **2판 2쇄 발행** 2025년 1월 17일
글쓴이 오승현 | **그린이** 최경식
펴낸이 홍석 | **이사** 홍성우 | **편집부장** 이정은
편집 조유진 | **외주편집** 스튜디오 플롯 | **디자인** 권영은, 김영주 | **외주디자인** 신영미, 손현주
마케팅 이송희, 김민경 | **제작** 홍보람 | **관리** 최우리, 정원경, 조영행
펴낸곳 도서출판 풀빛 | **등록** 1979년 3월 6일 제 2021-000055호
주소 서울특별시 강서구 양천로 583 우림블루나인 A동 21층 2110호
전화 02-363-5995(영업) 02-362-8900(편집) | **팩스** 070-4275-0445
전자우편 kids@pulbit.co.kr | **홈페이지** www.pulbit.co.kr
블로그 blog.naver.com/pulbitbooks | **인스타그램** instagram.com/pulbitkids

ISBN 979-11-6172-389-1 74550
　　　979-11-6172-283-2 (세트)

ⓒ 오승현, 최경식 2022

*책값은 뒤표지에 표시되어 있습니다.
*파본이나 잘못된 책은 구입하신 곳에서 바꿔드립니다.

품명 아동 도서　　　　　**사용연령** 8세 이상
제조국 대한민국　　　　 **제조년월** 2025년 1월 17일
제조자명 도서출판 풀빛　**연락처** 02-363-5995
주소 서울특별시 강서구 양천로 583 우림블루나인 A동 21층 2110호
주의사항 종이에 베이거나 긁히지 않도록 조심하세요.
　　　　　　책 모서리가 날카로우니 던지거나 떨어뜨리지 마세요.
　　　　　KC마크는 이 제품이 공통안전기준에 적합하였음을 의미합니다.

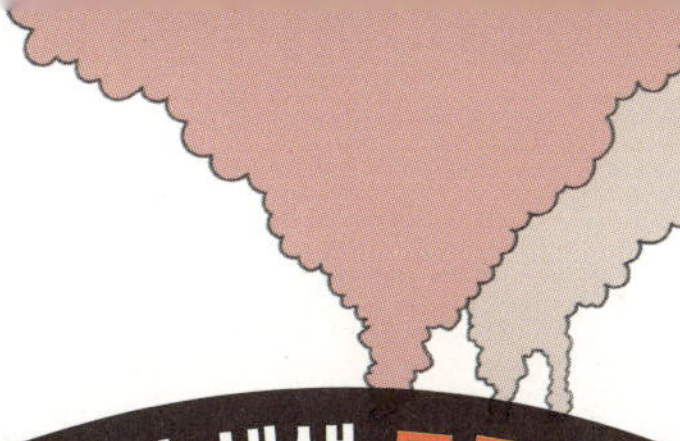

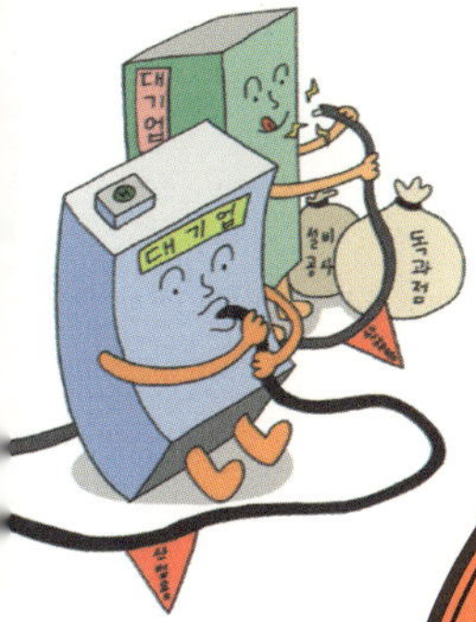

대기업
대기업
독과점

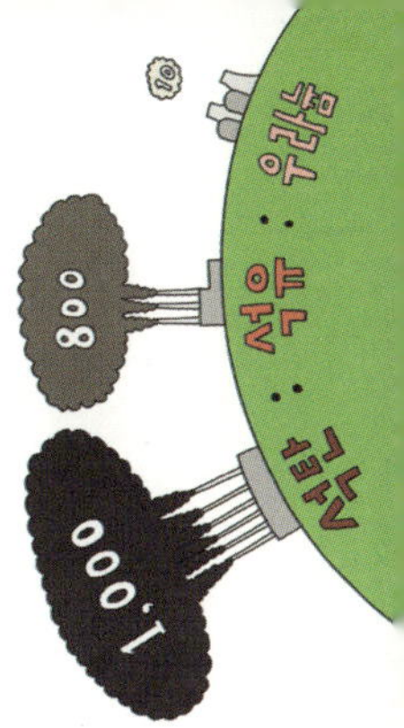

역지사지 생생 토론 대회 11

원자력 논쟁

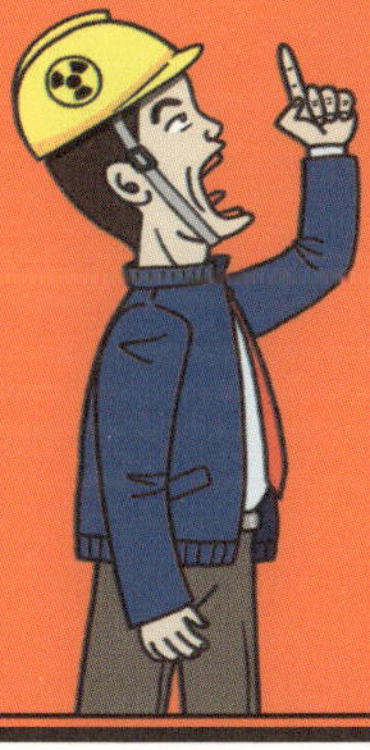

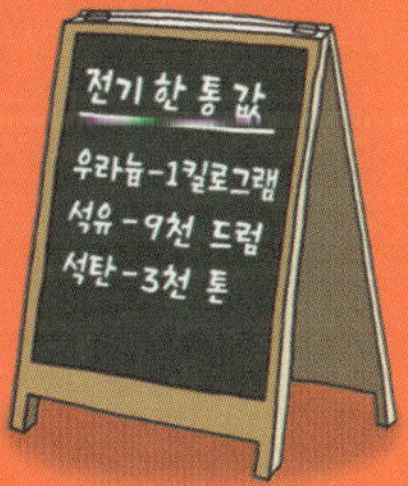

전기 한 통 값
우라늄-1킬로그램
석유-9천 드럼
석탄-3천 톤

오승현 글 | 최경식 그림

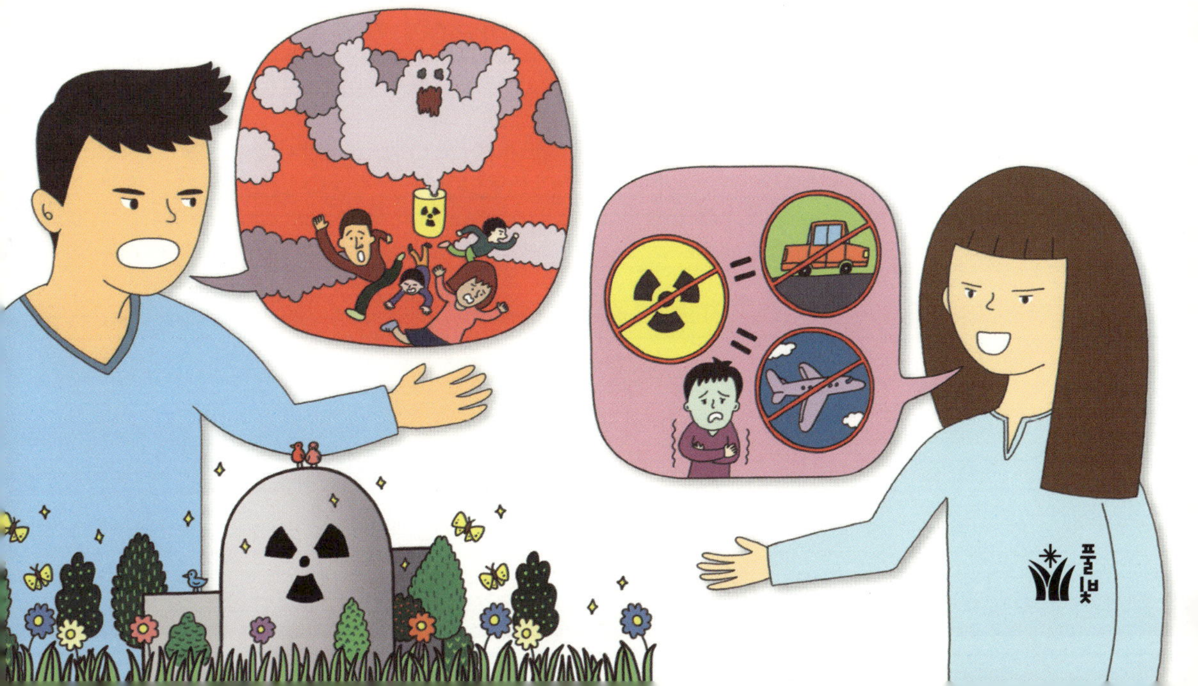

풀빛

개정판 작가의 말

    2011년 후쿠시마 원전 사고가 터졌습니다. 일본인들은 피난을 가야 했습니다. 후쿠시마를 벗어난 사람들은 역 ∨자형, 그러니까 ∧형태로 이동했지요. 그런데 방사능 낙진*이 움직인 경로를 보면 마찬가지로 역 ∨자 형이 발견됩니다. 방사능을 피해 떠났던 사람들이 공교롭게도 방사능을 따라 움직였던 겁니다.
    어떻게 이럴 수 있었을까요? 정부의 비밀주의 탓에 벌어진 촌극 아닌 촌극입니다. 나중에 알려진 사실은 더 충격적이었습니다. 스피디SPEEDI라는 낙진 예측 시스템을 갖춘 일본 정부는 방사능 물질

---

* 핵폭발로 인해 주변 땅 위에 떨어지는 방사성 물질이다. 생물이나 생태계를 파괴하고 심각한 오염을 일으켜서 흔히 '죽음의 재'로 불린다.

의 이동 경로를 실시간으로 파악하고 있었습니다. 그러나 해당 정보를 공개하지 않았어요. 정보를 공개하면 사람들이 한쪽으로 쏠려 '대혼란'이 일어날 수 있다는 이유였지요. 나중에 〈요미우리〉 등 주요 언론사가 문제를 제기하자 그때서야 낙진 정보를 공개했습니다.

원전 사고가 터진 나라들에서 정부의 말은 늘 같았습니다. '문제없다.', '안전하다.'고 말했지요. 그러나 결과적으로는 정부의 말이 틀렸습니다. 이것이 바로 정부와 전문가에게만 전부 맡겨 두면 안 되는 이유입니다. 사상가 장 자크 루소는 시민은 투표할 때만 자유롭고 투표가 끝나면 다시 노예가 된다고 말했습니다. 정치적 의사 표시가 투표 한 번으로 끝나선 안 된다는 뜻입니다. 우리는 모두 공동체 문제에 늘 관심을 갖고 참여해야 합니다.

1839년, 노예로 팔려 가던 아프리카인들이 '아미스타드호'에서 선상 반란을 일으켰지만, 배를 운항할 줄 몰랐습니다. 결국 백인 선원에게 키를 다시 맡겼더니 그들이 닿은 곳은 노예 제도가 있는 미국이었지요. 주인으로 살기 위해서는 늘 깨어 있어야 하고, 참여해야 합니다. 그렇지 않으면 우리가 힘겹게 싸워서 얻은 배의 키가 우리를 노예의 땅으로 안내할지도 모르니까요. 관심과 참여만이 우리의 안전과 민주주의를 지킬 수 있습니다.

후쿠시마 원전 사고가 터진 이후로 세계 각국이 원전 정책을 재검토하기 시작했습니다. 2017년 문재인 정부가 들어서자 우리도 원전 정책을 원점에서 검토했지요. 그러나 정부는 원전 정책의 방향을 섣불리 결정하진 않았습니다. 원전처럼 찬반이 팽팽하게 갈리는 사안에 대해서 정부가 단독으로 결정하는 건 부담스러울 수밖에 없었습니다. 찬성하는 쪽이든 반대하는 쪽이든 모두 국민이니까요.

정부는 어떤 정책을 새롭게 만들거나 기존 정책을 바꿀 때 여론 조사도 실시하고 공청회도 엽니다. 정책에 시민의 뜻을 온전히 담기 위해서죠. 여론 조사를 통해 시민의 뜻을 파악할 수도 있을 겁니다. 다만 여론 조사에는 정확성의 한계가 있답니다.

이런 한계를 넘어서기 위해서 2017년 7월에 원전 문제를 논의할 공론화 위원회가 꾸려졌습니다. 시민 대표들이 모여서 직접 사회 현안을 다루기 위해서였지요. 이를 '숙의 민주주의'라고 부릅니다. 시민들이 정책 현안을 이성적인 토론으로 풀어 가는 민주주의의 한 방식입니다. 지역, 성별, 연령 등을 고려해 선정된 시민 대표 478명이 한 달 동안 원전에 관한 다양한 정보를 학습했습니다. 이후 모여서 합숙 토론도 했지요.

시민 대표들 중 53퍼센트가 원전 축소에 대해 찬성했습니다. 45퍼센트는 원전의 유지 및 확대를 지지했고요. 정부는 '원전 축소'를 받아들여 이후 탈원전 정책을 추진했습니다. 그렇다고 가동 중인 모든 원전을 당장 문 닫은 건 아닙니다. 신한울 2호기의 수명이 다하는 2082년이 되어서야 탈원전이 완성됩니다. 그때까지 탈원전 기조를 계속 유지한다면 원자력 발전의 비중을 줄이는 동시에 보다 안전한 발전을 늘리겠지요.

이후 보수 정당과 보수 언론, 경제 신문 등을 중심으로 탈원전 정책에 대한 반발과 비판이 쏟아졌습니다. 한번 결정했다고 해서 더 이상 논쟁과 공론화는 필요 없다고 말할 수 없겠지요. 또 한번 결정한 사항이라도 번복할 수 있습니다. 기존 결정에 흠결이 있다면 문제를 제기하고 더 나은 해결책을 찾아야 합니다. 그렇다면 이미 결정한 사항

은 어떻게 뒤집을 수 있을까요? 결국 다시 토론하고 논쟁할 수밖에 없습니다. 공론화 위원회를 다시 열 수도 있겠지요.

원전을 찬성하든 반대하든 정답은 없습니다. 찬반보다 중요한 것은 타당한 근거와 함께 주장하는 것입니다. 그런데 탈원전을 반대하는 일부에서는 황당한 논리를 펴기도 합니다. 여름철 전력 부족이 탈원전 탓이라는 식으로요. 이는 가짜 뉴스에 가깝습니다. 왜냐하면 탈원전은 이제 첫발을 뗐기 때문이죠. 2018년 가동이 중단된 월성 1호기가 시작이었는데, 월성 1호기는 전체 발전량의 0.6퍼센트에 불과했습니다. 전력 부족에 영향을 줄 정도가 아니었지요.

이 책은 수개월간 이어진 공론화 위원회의 압축본입니다. 실제 공론화 위원회에서 논의된 내용을 그대로 담고 있다는 뜻이 아니라, 원전을 둘러싼 찬반 쟁점을 거의 모두 담고 있다는 뜻에서 말이죠.

'be in somebody's shoes.'라는 영어 표현이 있습니다. '(상상으로) 남의 처지가 되어 보다.'라는 뜻입니다. 찬성 입장이든 반대 입장이든, 상대 입장을 충분히 이해할 때 상대를 설득할 수 있습니다. 자기 말만 끝없이 반복한다고 상대를 설득할 순 없습니다.

이 책을 통해 나와 다른 입장에 있는 사람의 신발을 신어 보세요. 원전이 갖고 있는 문제들을 종합적이고 입체적으로 이해할 수 있을 것입니다.

오승현

핵발전? 원자력 발전?

원자력 발전소는 영어로 'nuclear power plant'라고 합니다. 여기서 'nuclear'는 '원자력'이나 '핵'으로 번역되지요. 원전을 반대하는 쪽에서는 원자력 발전(소)이라는 표현 대신 핵발전(소)이라는 용어를 선호합니다. '핵'은 핵무기, 핵전쟁 등 부정적인 뉘앙스를 풍기거든요. 이 책은 원전 문제를 중립적 입장에서 다룬다는 뜻에서 핵발전 대신 원자력 발전이라는 용어를 택했습니다.

개정판 작가의 말 —————————— 004

1 원전은 안전한 에너지일까?

게임에 빠진 아이 —————————— 016
첫 번째 토론을 시작하다 —————————— 023
원전 사고는 예외적인 사건일까? —————————— 031
원전 사고는 얼마나 자주 발생할까? —————————— 034
원자로, 거대한 보일러 —————————— 041
새롭게 전열을 정비하고 —————————— 047
한반도는 지진에서 안전할까? —————————— 052
불안감의 근거가 있을까? —————————— 057
안전시설과 거대 시스템 —————————— 064
함께 정리해 보기 원전의 안전성에 대한 쟁점 —————————— 075

2 원전은 경제적인 에너지일까?

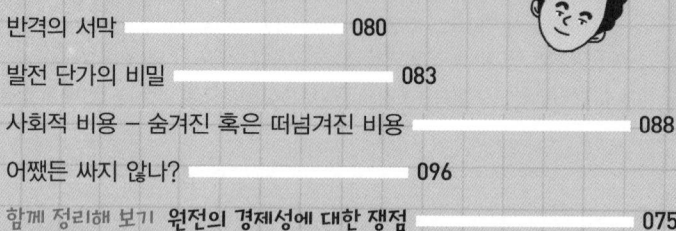

반격의 서막 —————————— 080
발전 단가의 비밀 —————————— 083
사회적 비용 – 숨겨진 혹은 떠넘겨진 비용 —————————— 088
어쨌든 싸지 않나? —————————— 096
함께 정리해 보기 원전의 경제성에 대한 쟁점 —————————— 075

3 원전은 친환경적인 에너지일까?

원전이 지구 온난화를 막을까? 110
방사능은 환경에 독일까? 119
기준치가 안전치일까? 124
피폭이 원전만의 문제일까? 132
함께 정리해 보기 **원전과 환경에 대한 쟁점** 141

4 원전은 최선의 대안일까?

에너지 정책을 바꾸려면 돈이 든다 146
당장 원전을 줄일 수 있을까? 154
태양광 발전이 가능할까? 158
절전이 답이다? 164
함께 정리해 보기 **원전 정책에 대한 쟁점** 177

5 원전은 사회적 갈등을 일으킬까?

차별일까, 아닐까? 182
피해는 소수만 당할까? 188
원전 반대는 지역 이기주의일까? 195
함께 정리해 보기 **원전을 둘러싼 사회적 갈등에 대한 쟁점** 207

맺음말 208

1
원전은 안전한 에너지일까?

원자력 발전을 둘러싼 논쟁에는 여러 가지가 있어. 그중 가장 중요한 쟁점은 안전에 관한 거지. 원전의 안전성은 초기부터 지금까지 쭉 논쟁 거리야. 원전의 안전성을 따질 때는 전 세계의 원전을 다 묶어서 논의할 수도 있고, 한국 원전만 떼어서 다룰 수도 있어. 우리에게 중요한 문제는 다른 나라 원전이 아니라 한국의 원전일 거야. 원전의 안전성은 ① 원전의 설계 및 구조, ② 사고 방지 장치 및 조치 등을 중심으로 살펴볼 필요가 있어. 특히 원전 안전을 위협하는 지진 발생 가능성과 그에 대한 대비책도 잘 따져 봐야 해.

원전 찬성 팀

지금까지 여러 번의 원전 사고가 있었지만, 대규모 인명 피해를 낳은 사고는 체르노빌이 유일해. 다른 사고들에선 큰 인명 피해가 없었지. 원전 사고는 큰 피해를 낳을 수 있기 때문에 철저한 안전 관리가 필요하지만, 잘 관리하면 사고는 충분히 막을 수 있어. 일본 후쿠시마에서 지진 해일로 원전 사고가 발생한 뒤에 한반도도 지진 안전지대가 아니라는 지적에 따라 원전에 대한 우려가 커졌지. 그러나 일본 원전과 한국 원전은 구조 자체가 달라서 일본의 상황을 한국에 그대로 적용하긴 어려워. 또 한국은 일본과 달리 자주, 크게 지진이 발생하는 나라도 아니야. 사고를 대비하는 일은 중요하지만, 지나친 불안감 조성은 문제 해결에 도움이 안 돼.

원전 반대 팀

지금까지 발생한 원전 사고 중 큰 사고는 모두 여섯 번이었어. 모두 원전이 많은 나라들에서 발생했지. 원전이 많은 나라 가운데 아직 사고가 일어나지 않은 나라는 한국과 중국뿐이야. 즉, 우리나라에서도 충분히 사고가 일어날 수 있다는 말이지. 게다가 지금까지 지진으로부터 비교적 안전하다고 여겼던 한반도는 지진 안전지대가 아닐지도 몰라. 2016년 일어난 경주 지진이 대표적이지. 그렇다면 원전은 지진에 대한 충분한 대비를 해야 할 텐데, 현재 원전의 안전 대비는 미흡한 수준이야. 우리는 이렇게 위험한 원전에 대해서 근본적으로 다시 생각해 볼 필요가 있어.

게임에 빠진 아이

엄마가 부엌에서 고래고래 고함을 질렀다.

"대범아, 학원 가야지. 여태 뭐 하고 있니?"

대범은 컴퓨터 게임에 열중이었다. 피파 온라인 4. 대범이 빠져 있던 축구 게임이다. '아이, 귀찮아.' 하고 생각하던 찰나.

"너, 아직도 게임하는 거야?"

그새 엄마가 방문을 열고 들어왔다. 엄마의 얼굴은 이미 붉으락푸르락 했다.

"갈게요."

후다닥 컴퓨터를 끄고 집을 나왔다. 게임을 미처 못 끝내 아쉬웠지만, 어쩔 수 없었다. 지난번에 "이번 판만 끝내고요." 하면서 뜸을 들이다 일주일이나 게임을 못 한 적이 있었다. 그때는 정말 괴로웠다. 요사이 대범은 컴퓨터 게임에 부쩍 빠져 있었다.

"오늘도 늦는 줄 알고 걱정했어."

대범이 학원 문을 열고 들어서는데 슬기가 반갑게 말을 건넸다. 슬기는 대범의 오랜 친구다. 같은 유치원을 나왔고, 엄마들이 친한 덕에 초등학교에 들어온 뒤로도 여러 학원을 같이 다녔다. 무엇보다 두 사람은 축구를 좋아한다는 공통점을 지녔다. 훤칠한 키에 까무잡잡한 피부를 가진 슬기는 운동을 꽤 잘했다. 슬기는 축구 시합에 빠지지 않고 참여했다. 두 사람은 그동안 같은 반이 된 적이 없었는데 올해 같은 반이 되었다.

"어, 게임 좀 하다가……."

대범이 힘없이 답했다.

"너, 요새 기운이 좀 없어 보인다. 게임도 부쩍 많이 하는 거 같고."

"응, 좀 그렇지?"

"전엔 게임보다 운동을 더 좋아했잖아? 무슨 일 있어?"

사실 그랬다. 대범은 축구 게임보다 실제 축구를 더 좋아했다. 상대 팀 선수들을 제치고 찬 공이 골 망을 흔들 때의 기분이란 무엇과도 비교할 수 없었다. 그런데 새 학년을 시작하고 모든 게 엉망이 됐다. '모두 그 녀석 때문이야.' 슬기에게 말은 못 했지만, 대범은 속으로 기주를 원망했다.

기주는 전교생이 알아주는 축구 에이스다. 기주는 미움과 선망의 대상이었다. 기주네 반과 붙으면 이기기가 아주 힘들기 때문이다. 그래서 기주를 미워했지만, 정반대로 기주와 같은 반인 애들을 부러워하기도 했다. 공공의 적이자 만인의 우상인 아이, 기주는 그런 아이였다. 그러다 올해 기주와 같은 반이 된 걸 알고서 대범은 반가움에 펄쩍 뛰었다. 같은 반이

된 남자애들도 마찬가지였다.

"기주가 우리 반이라며?"

"정말? 축구 우승은 떼 놓은 당상이네."

대범도 기주와 같은 반이 된 것에 기대가 컸다. 그러나 기대는 곧 실망으로 바뀌었다. 기주가 최전방 공격수를 맡자 대범은 설 자리가 좁아졌다. 얼마 지나지 않아 미드필더로 자리를 옮겼고, 골을 거의 못 넣게 되자 나중에는 수비수로 밀렸다. 수비수가 된 뒤로는 아예 골 맛을 보기 어려웠다. 대범은 축구에 점점 심드렁해지더니 급기야 축구공을 멀리했다. 친구들이 같이 축구하러 가자고 해도 학원에 가야 한다며 손사래를 쳤다.

"근데, 우리 토론 대회 준비는 어떻게 할까?"

슬기가 축구 생각에 빠져 있던 대범을 깨웠다.

'아, 맞다, 토론 대회. 휴, 어쩌지…….' 대범은 한숨을 폭폭 쉬었다. 대범은 어이가 없었다. 자기가 좋아하는 축구를 멀리하게 만든 장본인과 한 팀이 돼서 토론 대회에 참가해야 했다. 몇 주 전에 결정된 일이었다.

"토론 대회에 나갈 대표를 우리 반은 추첨을 통해서 뽑기로 해요."

선생님의 깜짝 제안에 다들 놀란 눈치였다. 하나같이 '우리 반만 왜?' 하는 볼멘 표정이었다.

"선생님, 다른 반은 잘하는 학생들로 대표를 뽑는데 우리 반만 왜 그렇게 하는 거죠? 우리도 잘하는 학생이 대표로 나가야 하지 않을까요?"

토론 대회에 대표로 나가려고 은근히 기대했던 반장이 나섰다.

"여러분도 그렇게 생각하나요?"

반장과 의도는 달랐지만, 반장의 말에 다들 동의하는 분위기였다. 반장을 비롯한 몇몇은 나가고 싶어 했지만, 대부분은 나가기 싫어했다. 다만, 잘하는 학생들로 대표를 뽑자는 데는 모두의 생각이 같았다. 그러나 아무도 선뜻 '그렇다.'라고 말하진 못 했다. 선생님이 다시 물었다.

"괜찮으니까, 여러분도 그렇게 생각하는지 말해 줄래요?"

선생님의 거듭된 물음에 '그렇다.'라는 대답이 낮게 흘러나왔다. 그러자 기다렸다는 듯이 여기저기에서 '그렇다.'라는 반응이 따라 나왔다.

"네, 여러분의 뜻은 알겠어요. 다른 반은 그렇게 하죠? 근데 제 생각은 좀 다르답니다. 그렇게 잘하는 학생들을 대표로 뽑는다면 나머지 학생들은 잘할 기회를 못 갖게 되잖아요? 그러면 잘하는 사람만 계속 잘하게 되겠죠. 그래서 모두에게 도전의 기회를 주면 어떨까 해요. 잘하는 학생만 따로 뽑아서 집중적으로 준비할 게 아니라, 모두가 대표가 될 수 있다는 마음으로 열심히 준비하고 최종 참가자는 추첨으로 뽑는 거예요. 이번 기회를 통해 모두가 상대를 설득하는 능력을 기르는 데 힘써 보면 어떨까요? 여러분이 제 뜻을 따라 주었으면 해요."

몇몇 학생이 우승을 위해 우리 반도 다른 반처럼 대표를 뽑아야 한다고 주장했지만, 선생님의 뜻을 꺾진 못했다. 선생님은 우승도 중요하지만, 반 전체가 참여하는 게 더 중요하다고 강조했다. 또 토론 대회는 다른 대회와 달리 우승이 무조건 중요한 것도 아니라고 했다. 토론은 이기고 지는 싸움이 아니라 설득하고 타협하는 말하기라는 설명을 덧붙였다. 다들 내키진 않았지만, 선생님의 의견을 따르기로 했다.

"이제부터 모두가 토론 대회에 나간다는 생각으로 몇 주 동안 이어질 토론 수업에 적극적으로 참여해 주길 바랍니다."

몇 차례 토론 수업을 진행하고 대표를 결정하기 위해 추첨을 했다. 추첨으로 뽑힌 사람이 바로 대범, 슬기, 기주였다. 대범은 눈앞의 결과를 믿을 수 없었다. '아이고, 기주와 함께 뽑히다니. 게다가 축구로 치면, 2군 선수들이군. 망했네, 망했어.' 추첨 결과를 확인한 대범은 그렇게 생각했다. 다른 반은 모두 최정예 멤버였지만, 대범이네 반만 예외였다.

다들 토론에 익숙지 않았지만 선생님의 지도 아래 최선을 다해 준비했다. 틈나는 대로 자료 조사도 열심히 했다. 대범의 우려와 달리 기주는 토론을 썩 잘했다. 대범은 성적이 좋은 편이 아닌 기주를 얕잡아 봤다. 슬기도 공부를 그리 잘하진 않았지만, 평소 환경 문제에 관심이 많아서인지 잘했다. 하루는 전문가나 볼 것 같은 보고서를 가져오기도 했다. 보고서에는 어려운 말들도 있었지만, 선생님과 함께 한 장씩 읽다 보니 힘들지 않게 내용을 이해할 수 있었다.

대범 팀은 대범의 생각대로 기껏해야 후보 선수였을지도 모른다. 그런데 선생님의 관심과 애정, 또 자기 관심사와 일치하는 토론 주제 덕분에 실력이 하루가 다르게 좋아졌다. 선생님은 '원래부터 모자란 학생은 없구나.'라고 생각했다. 눈에 띄게 성장한 아이들이 선생님에게는 쑥쑥 자라는 대나무처럼 느껴졌다. 대나무는 한창 자랄 때 하루에 1미터씩 큰다고 한다.

"선생님, 마지막으로 해 주실 얘기가 뭐예요?"

골똘히 생각에 잠겨 있던 선생님은 슬기의 질문에 정신을 차렸다.

"아, 오늘이 마지막 시간이라 꼭 당부해 주고 싶은 얘기가 있답니다."

다들 선생님의 얼굴을 뚫어져라 쳐다봤다.

"여러분, 집단 토론에서 중요한 게 뭘까요? 바로 팀워크죠. 여러분 각자

가 사전 준비를 잘하더라도, 실전에서 세 명이 한 몸처럼 움직여야 해요. 팀원이 공격을 받고 있을 때는 함께 방어해 주고요. 자기 발언에 대한 공격이 아니라고 강 건너 불구경하듯 방관하면 안 됩니다."

기주와 슬기는 고개를 끄덕이며 눈망울을 반짝였다. 대범만 마음이 달랐다. '한 몸처럼 움직여? 기주랑?' 하는 걱정이 앞섰다. 돌덩이 같은 부담감이 기주의 마음을 무겁게 짓눌렀다.

🧑‍🦰 첫 번째 토론을 시작하다

　드디어 토론 대회 개막일이 다가왔다. 그동안 갈고닦은 실력을 발휘할 때가 온 것이다. 토론 대회의 주제는 원자력 발전이다. 각 팀은 추첨을 통해 찬반 입장을 결정했다.

"아아, 떨린다."

슬기가 다소 긴장한 얼굴로 말했다. 슬기는 손에 땀이 나는지 자꾸 손을 바지춤에 문질렀다.

"열심히 준비했으니까, 다 잘될 거야. 너무 걱정하지 마."

기주가 긴장을 풀어 주려 했다. 긴장한 기색이 전혀 없는 기주는 평소보다 더 듬직해 보였다. '자기가 뭐 선생님이라도 되는 것처럼 행동하네.' 대범은 아직 기주에게 마음을 열지 못했다. 기주는 대범의 마음을 아는지 모르는지 아무렇지 않게 행동했다. 그럴수록 대범의 마음은 기주로부터 더 멀어지는 듯했다. 슬기는 대범의 마음을 대충 짐작하고 있었지만, 꺼내 놓고 말하진 않았다. 자칫 대범의 자존심을 건드릴지 몰라서였다.

대범과 친구들은 토론 대회가 열리는 교실로 발걸음을 옮겼다. 교실에는 상대 팀이 이미 자리를 잡고 앉아 있었다. 안경 너머로 부리부리한 눈을 굴리는 은실, 새초롬한 표정에 긴 머리를 한 지영, 그리고 뭐가 즐거운지 연신 싱글벙글 웃는 준수. 은실 팀은 옆 반의 정예 멤버. 성적도 좋고 발표도 잘하는 학생들이 대표로 뽑혔다.

반면에 대범 팀은 평범한 학생들이었다. 슬기가 긴장한 이유였다. '내가 제대로 못 하면, 믿어 주신 선생님께 죄송할 텐데…….' 슬기는 토론 내내 한마디도 못 할 것 같은 기분이 들었다. 겉보기에 씩씩하고 다부져 보이던 슬기지만 이럴 때 보면 의외로 여렸다.

"야, 괜찮아."

슬기의 어깨를 툭 치며 말을 건넨 이는 대범이었다.

"우리가 에이스가 아닌 건 다들 알고 있었잖아. 지금껏 최선을 다했으면 그걸로 된 거야. 선생님도 그러셨잖아. 토론은 이기고 지는 싸움이 아니라 남의 말을 경청하고 내 말을 설득하는 말하기라고 말이야. 선생님이 가르쳐 주신 대로 한다면, 선생님도 뿌듯해하실 거야."

대범은 역시 슬기의 오랜 친구다웠다. 마음에 맺힌 부분을 정확히 짚어 주자 슬기의 마음에도 조금 여유가 생겼다.

"자, 학생들은 자리에 앉아 주시기 바랍니다."

사회를 맡은 김강두 선생님이 토론의 시작을 알렸다. 모두 자리에 앉자 선생님이 장내를 정리하고 간단히 자기소개를 시켰다.

"이제부터 첫 번째 토론 주제인 '원자력, 안전한가?'에 대해서 토론을 시작하도록 하겠습니다. 그럼 본격적인 토론에 앞서 원자력 발전에 대해서 설명해 주실 분 있나요?"

드디어 본격적으로 토론을 시작했다. 은실이 잽싸게 손을 들었다.

"원자력 발전을 이해하려면 핵분열부터 알아야 합니다. 모든 물질은 아주 작은 원소들로 이뤄져 있습니다. 원소는 물질의 기본 단위입니다. 더는 쪼갤 수 없는 물질의 최소 단위로 보면 됩니다. 원소의 중심에 원자핵이 있는데, 원자핵이 쪼개지면 엄청난 열이 나옵니다. 이를 핵분열이라 합니다. 원전에서 핵분열이 일어나는 곳이 돔 모양의 건물 안에 있는 원자로입니다. 원자로에서 핵분열을 일으켜 열을 발생시키고, 이 열로 물을 끓이고 터빈을 돌려 전기를 만들지요. 한마디로 원전은 물을 끓여 전기를 얻는 시설입니다."

"복잡한 내용을 잘 정리했어요. 반대 팀에서도 간단히 발표해 줄래요?"

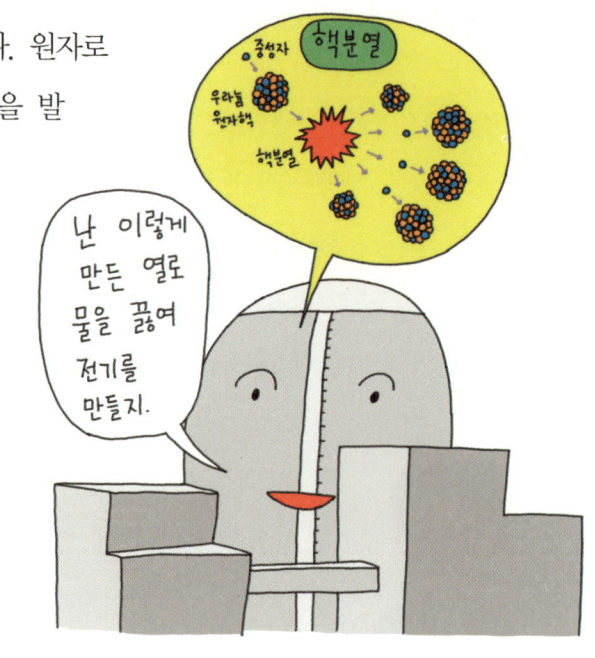

사회자가 대범 팀을 바라보며 첫 번째 토론자를 찾았다. 대범 팀의 첫 번째 토론자는 슬기였다. 슬기는 애가 타는지 마른침을 삼켰다. 다소 떨리는 목소리로 입을 뗐다.

"원전에 대한 설명 잘 들었습니다. 설명대로 원전은 핵분열을 통해 전기를 생산합니다. 사실 터빈을 돌려서 전기를 생산한다는 점은 화력 발전, 수력 발전, 풍력 발전도 같습니다. 쉽게 말해 수력 발전은 물레방아와 비슷합니다. 물이 높은 곳에서 낮은 곳으로 떨어질 때 발생하는 힘으로 터빈을 돌리지요. 풍력 발전은 바람개비처럼 바람의 힘으로 터빈을 돌린다고 생각하면 됩니다. 다만 수력이 물의 힘을 이용하고 풍력이 바람의 힘을 이용하는 반면에 화력은 석탄, 석유, 가스 등을 태울 때 나오는 열을 이용해 터빈을 돌린다는 점이 다르지요."

슬기가 물이 떨어지는 시늉과 바람이 터빈을 돌리는 시늉까지 하며 열심히 설명을 이어 갔다. 말을 할수록 긴장이 풀리는 게 느껴졌다.

"또 하나, 수력과 풍력의 경우에 물과 바람이 직접 터빈을 돌린다면, 화력과 원자력의 경우는 연료를 태우거나 핵분열을 일으켜 열을 발생시키고 이 열로 터빈을 돌린다는 차이도 있습니다. 그 점에서 화력 발전소와 원자력 발전소는 닮은 구석이 있지요. 원자력 발전은 우라늄의 핵분열로 열을 얻습니다. 문제는 이 과정에서 열만 발생하지 않는다는 점이에요. 핵분열이 일어날 때 열과 함께 방사선도 발생합니다. 이 방사선이 생물에게 나쁜 영향을 미치고요."

"잠깐만! 방사선에 대해서 좀 더 자세히 설명해 줄래요?"

사회자가 대범 팀을 향해 추가 설명을 요청했다. 친구들의 응원 덕분에 무사히 첫 테이프를 끊은 슬기가 설명을 이어 갔다.

"네, 방사선은 원자핵이 분열하면서 나오는 아주 작은 입자나 전자기파 등을 말합니다. 알파선, 감마선, X선, 전자, 중성자 등이 속하지요. 눈에 보이진 않지만, 이 방사선은 우리 몸을 관통해 세포 안에 들어 있는 DNA에 심각한 손상을 줍니다. 방사선에 자주 노출되면 암이나 백혈병 등에 걸릴 수 있고, 강한 방사선에 노출되면 바로 죽기도 하죠."

안경 너머로 은실의 눈이 날카롭게 빛났다. 슬기가 말을 마치자 은실이 바로 치고 들어왔다.

"방사선은 위험합니다. 근데 그 위험한 방사선이 핵분열 과정에서 발생

한다면, 원전에서 일하는 이들이 가장 위험하겠지요. 원전 종사자들이 한 해 얼마만큼의 방사선에 노출되는지 아나요?"

"……."

은실의 갑작스러운 질문에 대범 팀은 꿀 먹은 벙어리가 되었다. 은실은 상대를 제압할 기세로 단호하게 주장을 폈다.

"방사선의 양을 측정할 때 시버트(Sv)나 밀리시버트(mSv)* 같은 단위를 씁니다. 1시버트는 천 밀리시버트와 같죠. 원전 종사자들의 연간 방사선량 한도는 50밀리시버트랍니다. 늘 이 정도로 노출되는 건 아니고, 그 이상 노출되지 않도록 관리합니다. 이게 어느 정도냐면 100밀리시버트 이상 방사선에 노출되면 암 발생 확률이 0.5퍼센트입니다. 그러니까 방사선에 노출됐다고 무조건 암에 걸리는 것도 아니고, 원전 종사자들이 일반인에 비해서 암 발생 확률이 높은 것도 아닙니다."

초반부터 은실이 세게 나갔다. 은실이 구체적인 수치를 들이대며 반박하자 대범 팀은 어안이 벙벙했다. '어, 뭐야?' 대범은 고개를 떨구며 혼잣말을 뱉었다.

"반대 팀, 여기에 대해서 다른 의견 있나요?"

잠시 생각을 가다듬은 후에 기주가 반격에 나섰다. 기주는 담임 선생님에게 배운 대로 상대방의 주장을 일정 부분 인정하면서 시작했다.

"물론 원전 종사자들이 모두 암이나 백혈병에 걸리진 않습니다. 1년 단위로 인체에 노출되는 방사선량을 엄격히 관리하니까요. 저희는 원전에서 1년 내내 방사선과 오염 물질이 마구 쏟아져 나온다고 생각지 않아요. 원전을 잘 관리하면 방사선 위험은 덜하겠죠. 문제는 사고가 날 때입니다. 후쿠시마 원전 사고를 보세요. 원전에서 반경 30킬로미터 안에 살던 주민들이 전부 집을 떠나야 했습니다. 또, 방사능에 오염된 많은 물이 바

＊ 방사능의 세기를 나타내는 시버트(Sv)는 생물, 특히 사람에 미치는 영향을 보여 주기 위해 사용한다. 즉 인체의 피폭 정도를 알려 주는 단위다. 참고로, 원자력 안전법에 규정된 원전 종사자의 연간 최대 허용치는 50밀리시버트지만, 원전 측은 법적 기준의 40퍼센트 수준인 20밀리시버트 아래로 관리한다고 밝히고 있다.

다로 유입됐고요. 2011년에 일어난 사고지만, 사고가 언제 다 수습될지 가늠도 안 됩니다. 문제가 그만큼 심각하단 얘기예요."

기주가 반론을 마치자 연달아 슬기가 반론을 이어 갔다. 토론을 준비하면서 읽었던 내용이 문득 떠올랐던 것이다. 슬기의 눈빛이 빛났다. 슬기가 은실에게 앙갚음하듯이 질문을 던졌다.

"아까 '방사선에 노출된다.'는 표현을 했는데, 혹시 이를 전문 용어로 뭐라고 하는지 아나요?"

"피폭被曝을 말하는 건가요?"

슬기의 창은 무뎠지만, 은실의 방패는 단단했다. '너무 쉬운 질문을 던진 걸까?' 슬기는 제법 어려운 용어라 생각했는데, 은실은 한 치의 망설임도 없이 대답했다. 상대 팀의 에이스다웠다. 당황한 슬기는 놀란 기색을 숨기고 발언을 이어 갔다.

"맞습니다. 피폭되면, 즉 강한 방사선이 몸을 뚫고 지나가면 어떻게 될까요? 몸 안에 세포가 완전히 파괴됩니다. 세포 안의 유전자를 교란하는 것, 이것이 바로 방사선의 치명적인 위험입니다. 이런 위험을 생각하면 원전이 안전하다고 말할 수 없을 겁니다."

비록 공격이 성공하진 못했지만, 슬기는 몇 번 말을 주고받다 보니까 긴장이 풀리는 듯했다. 슬기가 '이제부터 제대로 해 보자.' 하며 마음의 고삐를 죄었다.

원전 사고는 예외적인 사건일까?

슬기가 말을 끝내자 기주가 바로 핵심을 찔렀다.

"후쿠시마 참사에서 보듯이, 원전의 위험성을 부정하긴 어렵습니다. 이런 사고에도 불구하고, 찬성 팀은 원전이 안전하다고 생각하세요?"

기주의 날카로운 질문에 준수가 곧바로 응수했다.

"후쿠시마 원전 사고는 끔찍한 사고이고, 다신 일어나선 안 될 사고라고 생각해요. 그런데 말이죠, 그런 중대한 원전 사고가 일어날 확률이 얼마나 되는지 아나요? 저희가 찾아본 바로는, 그런 사고는 100만분의 1의 확률로 발생한다고 해요. 이게 어느 정도냐면, 벼락에 맞을 확률과 비슷하죠. 한 해 내리친 벼락의 횟수와 벼락을 맞은 사람 수를 고려해 계산하면 벼락에 맞을 확률은 대략 60만분의 1에서 100만분의 1이라고 합니다. 아예 불가능한 건 아니지만, 그 가능성이 매우 낮은 겁니다."

"사고 확률을 100만분의 1로 보는 것도 문제가 있지만, 아무튼 인정하겠습니다. 근데 그 확률은 설계상의 오류로 노심_{원자로의 중심}에서 사고가 발생할 확률입니다. 실제로 사고가 발생할 확률이 아니라, 이론적으로 가정한 확률일 뿐입니다. 설계와 시공의 오류가 전혀 없을 때, 원전 종사자들의 실수나 태만이 없을 때, 수십 년을 한결같이 매뉴얼에 따라 정비가 이뤄지고 연료 공급이 24시간 끊기지 않을 때, 예기치 않은 자연재해나 전쟁 등의 불상사가 없을 때 가능한 확률입니다. 현실에서 이 모든 게 완벽하게 맞물려 돌아갈 수 있을까요? 굉장히 어렵지 않을까요? 현실에선 원전 사고가 발생할 가능성이 낮은 게 아니라 반대로 발생하지 않을 가능성이 낮은 겁니다."

기주는 '~일 때, ~일 때, ~일 때'를 힘주어 말했다. 마치 왼발과 오른발을 번갈아 가며 축구공을 드리블하듯이 경쾌하면서도 리드미컬하게. 반면에 대범은 여전히 토론에 참여하지 못했다. 기회를 엿보고 있었으나 말할 기회를 계속 놓치고 말았다. 안타깝게도 속으로만 혼자 중얼거렸다. 그때 지영이 기주의 발언을 받아쳤다.

"사고가 발생할 가능성이 높다는 거죠? 일본은 그렇다 쳐도, 아직까지 한국에선 원전 사고가 일어나지 않았습니다. 가장 오래된 원전이 고리 1호기입니다. 1978년부터 가동을 시작했죠. 나이가 마흔넷이 넘지만, 여태 큰 사고가 일어난 적이 없습니다. 아까 지적한 여러 조건들, 설계나 시공의 오류, 종사자들의 실수나 태만, 정비 불량 등의 문제가 없었기 때문에 중대 사고가 나지 않은 겁니다. 지금까지 40년 넘게 안전하게 운영했다면, 앞으로 40년, 400년도 안전하게 운영할 수 있지 않을까요?"

슬기가 지영의 말에 고개를 갸웃거리며 되물었다.

"지금까지 한국 원전에서 큰 사고가 일어나지 않은 건 맞습니다. 그러나 과거에 일어나지 않았다고 미래에도 일어나지 말란 법이 있나요?"

"물론 그런 법은 없죠. 근데 반대로 무조건 사고가 발생하리란 법도 없지 않을까요? 지금까지 하던 대로 잘 관리하면 문제가 없을 겁니다."

지영이 의자를 바짝 끌어당기며 다시 받아쳤다. 지영은 지금까지의 침묵을 만회하려는 듯 무척 적극적이었다.

"다시 말하지만, '지금까지 잘했으니까 앞으로도 잘할 거야.' 이런 생각이 너무 순진하고 단순하다고 생각하지 않나요?"

슬기가 '순진하고 단순하다.'고 말하자마자 지영이 발끈했다. 씩씩거리며 흥분을 감추지 못했다. 얼굴도 점점 달아올랐다.

"뭐요? 제 생각이 단순하다고요?"

"자, 자, 그만! 흥분을 좀 가라앉히세요."

사회자가 지영을 자제시키자 슬기가 다시 입을 열었다.

"제 말은 그런 뜻이 아니라……."

"그런 뜻이 아니면 뭡니까? 뭐예요?"

화가 치민 지영이 재차 목소리를 높이자 사회자가 다시 끼어들었다.

"자, 표현 하나에 너무 흥분하지 말고 토론에 집중합시다."

슬기가 다시 발언을 시작했다.

"오랫동안 안전 운전을 한 사람도 교통사고를 낼 수 있습니다. 쭉 안전 운전을 했더라도, 언젠가 음주 운전이든 졸음운전이든 실수할 수 있지요. 과거에 무사고였으니 미래에도 무조건 그럴 거라고 장담할 순 없습니다."

지영도 물러서지 않았다. 지영의 눈빛이 전의로 불타올랐다.

"다소 억지 같은데요. 어떤 사람이 과거에 안전 운전을 했다면 미래에도 그럴 가능성이 높겠죠. '과거엔 잘했지만, 미래는 다를 거야.'라고 말하려면 과거 경력을 따져 봐야 해요. 안전 운전 경력이 길다면 미래도 그럴 가능성이 높은 거고, 경력이 짧다면 미래의 가능성을 판단하기 어려울 거예요. 40년 넘게 한국에선 심각한 원전 사고가 일어나지 않았습니다.

그런데도 '미래에 원전 사고가 발생할 수 있어.'라고 말한다면 그게 순, 진, 한 거죠."

팽팽한 긴장감이 교실을 가득 채웠다. 털이 쭈뼛 선 고양이 두 마리가 아르렁거리며 대치하는 듯한 일촉즉발의 긴장감이었다.

"여러분의 주장은 잘 알겠습니다. 그러나 과거를 기준으로 미래를 판단하는 부분은 입장에 따라서 의견이 갈릴 수밖에 없을 것 같네요. 이 문제는 평행선을 달릴 게 뻔하니, 누가 논점을 바꿔서 얘기해 볼까요?"

사회자가 개입하면서 팽팽한 긴장감이 다소 누그러졌다.

원전 사고는 얼마나 자주 발생할까?

"제가 할게요. 원자로의 중심이 녹아내리는 사고를 '멜트 다운'이라고 합니다. 지금까지 전 세계적으로 멜트 다운이 몇 번 발생했는지 알고 있나요?"

드디어 대범이 입을 열었다. 대범이 질문을 던지자 은실이 바로 응수했다.

"나라로는 3개국, 횟수로는 여섯 번 아닌가요?"

대범은 속으로 '쟤 뭐야? 모르는 게 없잖아.'라고 생각했지만, 겉으론 태연한 척하며 말했다.

"네, 잘 알고 있군요. 정확히 여섯 번 발생했습니다."

대범이 준비한 자료를 곁눈질하며 설명을 이어 나갔다.

"1979년 미국 펜실베이니아주의 스리마일섬 원전 2호기 방사능 누출 사고, 1986년 우크라이나 공화국의 체르노빌 원전 4호기 방사능 누출 사고, 2011년 일본 후쿠시마 원전 4기 방사능 누출 사고. 후쿠시마는 4호기가 아니라 원자로 4기, 즉 네 개입니다. 총 세 곳, 6기 원자로에서 멜트다운이 발생했어요. 찬성 팀도 잘 알 겁니다."

"알고 있습니다."

"체르노빌 사고는 5년 동안 7천 명의 생명을 앗아 갔고 수십만 명의 환자를 낳았습니다. 체르노빌만큼 인명 피해가 크진 않았지만, 심각한 사고가 여섯 번이나 일어났어요. 스리마일섬 사고는 섬에서 발생해서 큰 인명 피해가 없었습니다. 후쿠시마 사고는 아직도 사고 수습이 끝나지 않아서 정확한 집계는 더 있어야 나오겠죠. 전 세계에 존재하는 원전이 450기랍니다. 이렇게 본다면 원전 사고 확률은 100만분의 1이 아니라 450분의 6, 즉 대략 100분의 1에 가깝습니다. 사정이 이런데도 원전이 안전하다고만 주장하시겠어요?"

대범이 자신 있게 질문을 던졌다. 또다시 은실이 곧장 받아쳤다.

"먼저 오류를 바로잡을게요. 스리마일섬 원전 사고는 섬에서 발생해서 피해가 적었던 게 아닙니다. 외부로 유출된 방사성 물질의 양이 적어서 인명 피해가 없었어요. 하지만 주민 10만 명이 긴급 대피하는 소동이 벌어졌죠."

대범은 재빨리 자료를 뒤적거렸다. '저런, 섬 얘기가 진짜 없네.' 대범은 꼼꼼히 확인 못 한 자신을 탓했지만, 이미 때는 늦어 버렸다. 은실은 공

격의 고삐를 더 바짝 조였다.

"여섯 번의 사고, 인정합니다. 체르노빌 사고는 정말 참혹했습니다. 토론을 준비하면서 체르노빌 참사를 고발하는 사진을 봤는데 끔찍하더군요. 근데 여섯 번의 사고들은 전부 다른 나라들에서 발생했습니다. 외국의 사례를 우리 문제처럼 말해선 안 됩니다. '외국에서 일어났으니까, 우리에게도 일어날 수 있겠지.'라고 말하려면, 외국과 우리의 상황이 같아야 하지 않을까요?"

"······."

예상치 못한 은실의 반격에 대범은 대꾸를 못 했다. 대범이 오랜 침묵을 깨고 의욕 있게 토론에 나섰지만, 상대 팀 에이스의 벽이 만만치 않았다. 대범은 체르노빌 사고를 지적하면 상대 팀 역시 원전의 위험성을 수긍할 거라고 예상했다. 오판이었다.

"할 말 없으세요?"

"저기······."

대범이 머뭇거리며 답변을 못 하자 슬기가 급하게 나섰다. 대범은 고개를 떨궜다.

"물론 한국에서 발생한 사고는 아닙니다. 다만, 원전 사고들을 돌아보면 원전 수가 많은 나라에서 사고가 일어났습니다. 미국이 가장 먼저였고, 다음은 러시아, 당시는 소련이었습니다. 그다음으로 많은 나라는 프랑스인데, 프랑스에선 사고가 안 일어났어요. 마지막으로 일본에서 사고가 났습니다.* 프랑스만 건너뛰고 원전이 많은 나라에서 예외 없이 사고가 발생했습니다. 그러면 일본 다음으로 원전이 많은 나라가 어딜까요?"

슬기가 간신히 방어에 성공했다.

"중국 아닌가요?"

이번에는 지영이 받아쳤다.

"네, 중국과 한국입니다. 지금까지의 추세대로 보자면, 중국과 한국에서 원전 사고가 발생할 확률이 높다고 볼 수 있습니다. 따라서 외국 얘기라고 단정할 순 없는 겁니다."

슬기가 의기양양한 표정으로 대범을 쳐다봤다. 대범은 슬기가 자신의 부족한 부분을 채워 주면서 상대에게 한 방 먹인 것이 대견했다.

"여섯 번의 사고는 분명 있었습니다. 디만, 설명대로 스리마일섬과 후쿠시마에선 큰 인명 피해가 없었어요. 심각한 인명 피해는 체르노빌이 유일합니다. 그렇게 본다면 심각한 원전 사고는 딱 한 번 아닐까요? 이를 두고 100분의 1이라고 운운하는 것은 맞지 않다고 봅니다. 사실, 더 중요한 문제가 있습니다. 이건 전문적인 얘기라서 안 하려고 했는데, 자꾸 국내 원전과 사고가 난 외국 원전을 똑같다는 식으로 몰아가는 것 같아 지적해야겠네요."

※ 나라별 원전 수(2021년 7월 15일 기준)
미국-93기, 프랑스-56기, 중국-51기, 러시아-38기, 일본-33기, 한국-24기

대범 팀은 은실의 저돌적인 자세에 순간 긴장했다. 다들 '뭐지?' 하는 눈짓을 주고받았다.

"원자력 발전소에서 핵분열이 일어나는 곳이 원자로입니다. 원자로는 핵분열에서 발생한 높은 열 때문에 매우 뜨겁습니다. 이 열을 적절히 식혀 주지 않으면 원자로가 녹아내릴 수 있습니다. 그래서 핵분열이 일어나는 핵연료를 냉각재와 감속재핵분열 반응의 속도를 늦추는 물질로 감싸 줍니다. 냉각재와 감속재로 쓰이는 물질에 따라 원자로의 종류가 달라집니다. 냉각재와 감속재로 물을 쓰는 원자로를 경수형 원자로, 즉 경수로라고 해요. 경수는 물을 뜻합니다. 근데 경수로에 두 종류가 있다는 사실을 아나요?"

"……."

은실의 느닷없는 질문에 대범 팀은 아무 대답도 못 했다. 은실이 의기양양한 표정으로 다시 설명을 이어 갔다.

"경수로에는 비등 경수로와 가압 경수로가 있어요. 끔찍한 사고를 일으킨 체르노빌 원전은 비등 경수로였습니다. 후쿠시마 원전도 마찬가지고요. 반면에 우리나라 원전은 가압 경수로입니다. 가압 경수로는 비등 경수로보다 안전하다고 해요. 혹시 가압 경수로가 전 세계 원전의 몇 퍼센트를 차지하는지 아나요?"

"……."

이번에도 대범 팀은 침묵을 지켰다.

"현재 세계 원전의 60퍼센트가 가압 경수로로 되어 있습니다."

예상치 못한 공격이었다. 비등 경수로, 가압 경수로 등 전문 용어가 줄 줄이 나오자 대범 팀의 얼굴엔 긴장감이 감돌았다. '설마 상대가 이런 것까지 준비할까?'라고 방심한 게 화근이었다.

원자로, 거대한 보일러

전문적인 내용이 튀어나오자 대범 팀은 꼬리를 내려야 했다. 대범 팀은 가압 경수로와 비등 경수로의 차이도 몰랐다. 다행히 사회자가 추가 설명을 요구하면서 공격의 흐름이 끊겼다. 대범 팀은 잠시 숨 돌릴 시간을 벌 수 있었다.

"설명 잘 들었습니다. 가압 경수로와 비등 경수로의 차이를 좀 더 자세히 설명해 줄래요?"

"발언 시간이 길어질 것 같아서 짧게 말했는데, 자세히 설명할게요. 원자로는 크게 세 부분으로 구성됩니다. 핵분열로 열을 발생시키는 1차 계통, 물을 끓여서 증기를 만들고 증기로 터빈을 돌리는 2차 계통, 증기를 식혀 다시 물로 바꾸는 3차 계통이죠. 비등 경수로는 1차 계통과 2차 계통이 결합한 형태로, 가압 경수로는 1차 계통과 2차 계통을 분리한 형태로 이해하면 됩니다. 그러니까 구조는 비등 경수로가 더 간단합니다. 구조가 간단한 만큼 건설 비용도 덜 들어요. 반대로 구조가 복잡한 가압 경수로는 건설 비용이 더 들지요. 대신 가압 경수로는 비등 경수로보다 안전합니다."

은실이 설명을 마치자 이번엔 준수가 설명을 이어 갔다.

"저희 팀원이 두 경수로의 차이를 설명했는데요. 용어에 대한 설명을 조금 덧붙일게요. 비등 경수로는 격납 용기* 안에서 물을 끓여 증기를 만듭니다. 그래서 '액체가 끓다.'라는 뜻의 비등沸騰이란 표현을 쓰죠. 반면

 ※ 원자로를 담고 있는 커다란 용기라고 생각하면 된다. 원자로가 파손돼 방사성 물질이 외부로 유출되는 것을 막는 구조물이다. 최종 방호벽인 원자로 격납 건물의 내벽을 둘러싸고 있는 구형의 강철제가 격납 용기이다. 격납 용기 안에는 원자로, 1차 계통의 냉각 장치 등이 담긴다.

에 가압 경수로는 물에 압력을 가해 물이 끓지 않도록 한다고 해서 '압력을 가하다.'라는 뜻의 가압加壓을 씁니다. 원자로 압력 용기 내부의 물이 끓지 않도록 하는 거죠. 그 일을 하는 장치가 바로 가압기랍니다."

"설명 잘 들었어요. 궁금한 게 있는데, 가압 경수로에서 터빈을 돌리는 증기는 어디에서 나오는 거죠?"

"아, 그 증기는 외부에서 공급되는 게 아니라 2차 계통 안에 있는 거랍니다. 2차 계통에 담긴 물을 끓여서 터빈을 돌리고, 뜨거워진 증기를 냉각하여 다시 물을 얻죠. 증기를 냉각하여 물로 만드는 장치가 복수기예요. 증기를 다시 물로 만든다고 해서 복수復水라고 해요. 그렇게 일정한 물이 2차 계통을 계속 순환한답니다."

대범의 질문에 준수가 답했다.

"이제 두 원자로의 차이를 잘 알겠네요. 근데 구조가 단순해서 위험하고, 구조가 복잡해서 덜 위험하다는 내용은 선뜻 이해가 안 됩니다. 왜 그런 거죠?"

대범은 한편으로 '설마, 이런 것까지 알겠어?' 하는 마음과 다른 한편으로 본인도 궁금한 마음에서 질문을 던졌다. 대범은 정말 궁금했던지 질문을 하면서 고개를 앞으로 쑥 내밀었다.

"궁금할 줄 알았어요. 원자로를 커다란 도시락 통이라 해 보죠. 비등 경수로는 칸막이가 없는 도시락 통과 같고, 가압 경수로는 칸을 구분해서 밥과 반찬이 섞이지 않는 도시락통과 비슷해요. 두 도시락 통을 가방에 넣고 세게 흔든다고 상상해 보세요. 원자로로 치면 지진이 발생해서 원자로가 심하게 흔들리는 상황과 같지요. 그런 상황에서 칸막이가 없는 도시락 통은 어떻게 될까요? 밥과 반찬이 마구 섞여서 엉망이 되겠죠."

준수가 잠시 숨을 고른 뒤 다시 설명을 이어 갔다.

"가압 경수로는 좀 더 복잡한 형태지만, 덕분에 위급 상황에서 대처하기가 쉽죠. 가령 3차 계통에 냉각수 공급이 안 되는 위급 상황에서도 냉각수 장치와 원자로 내부의 물이, 그러니까 3차 계통과 1차 계통이 섞이지 않기 때문에 고장이 발생한 구역에 기술자가 직접 들어가 수리할 수 있어요. 이런 이유 때문에 최근에는 비등 경수로보다 가압 경수로 방식의 원전을 더 선호하지요."

준수가 막힘없이 설명하자 대범 팀은 기운이 빠졌다. 그래도 포기할 순 없었다. 기주가 마지막 힘을 짜내 반격에 나섰다.

"자세한 설명 덕분에 차이를 잘 알겠어요. 다만, 한 가지 의문이 드는데요. 가압 경수로가 비등 경수로에 비해서 안전한 건 알겠는데, 안전 문제가 꼭 내부적으로만 발생하는 건 아니지 않을까요? 예를 들어, 적이 우리를 공격하려고 원전에 미사일을 쏜다든지 하면 어떻게 하나요? 비등 경수로든 가압 경수로든, 모두 그런 문제에는 취약할 것 같은데요."

예상치 못한 기주의 반격에 슬기의 눈빛이 반짝거렸다. 다소 맥이 빠졌던 대범도 반전을 기대하는 눈치였다. 은실 팀은 살짝 당황한 듯 팀원들끼리 재빨리 귓속말을 주고받았다. 잠시 시간이 흐르고 지영이 나섰다. 지영은 헛기침을 몇 번 하고는 말문을 뗐다.

"큼큼. 그런 문제가 있을 수 있겠군요. 원전 내부의 사고에 초점을 맞춰

원전 구조를 중심으로 설명했는데, 그런 부분도 원전의 안전과 관련해서 중요할 수 있겠네요. 솔직히 미사일 등 외부 공격에 대해선 자세히 조사하지 못했지만, 한 가지는 분명하게 말씀드릴 수 있어요."

'자세히 조사한 적 없어? 이번에야말로 제대로 된 반격이 가능하겠군.' 대범은 내심 그렇게 기대했다. 그러나 은실 팀은 만만한 상대가 아니었다. 지영은 준비한 자료를 보면서 외부 공격에 대한 대비책을 설명했다.

"바로 방호벽이죠. 방사능이 원자로 밖으로 새는 걸 막는 보호벽으로 이해하면 됩니다. 체르노빌 원전의 경우, 방호벽이 매우 허술했다고 해요. 반면 우리 원전은 다섯 겹의 방호벽이 쳐져 있습니다. 여기서 중요한 게 제5방호벽, 즉 외벽입니다. 이 외벽은 무려 120센티미터에 달하는 철근 콘크리트로 채워져 있어요. 이 정도 두께면 웬만한 충격에도 끄떡없을 겁니다."

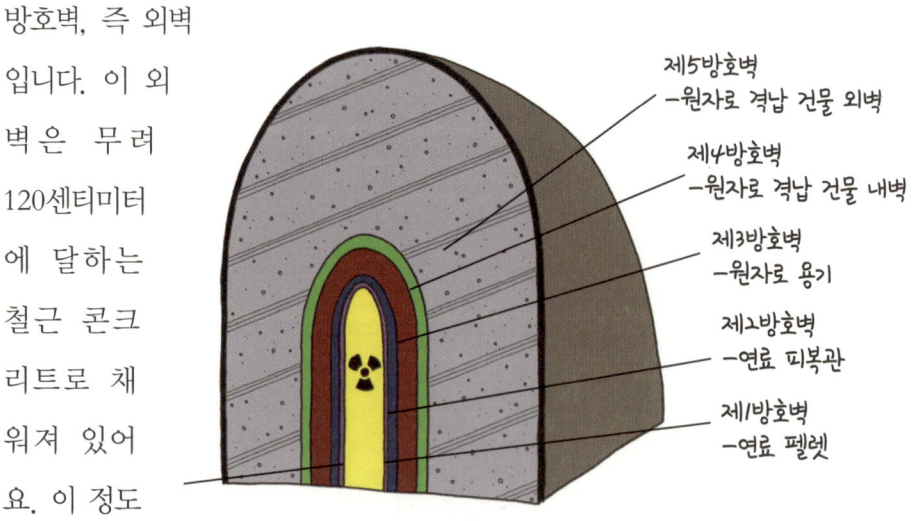

"근데 120센티미터 정도로 충분할까요? 핵미사일도 막아 낼 수 있나요?"

"……."

일순간 침묵이 흘렀다. 기주가 갑자기 질문을 던지자, 그것도 찬성 팀이 준비하지 못한 내용을 묻자 당황한 찬성 팀은 아무 말도 못 했다.

"그 부분은 저희가 미처 확인을 못 했네요."

"좋아요. 시간이 꽤 흘렀으니 원자로의 안전성은 여기까지 토론합시다. 잠시 쉬었다 할까요?"

사회자가 휴식 시간을 제안하면서 토론을 중단했다. 전반전은 은실 팀이 우세했지만, 대범 팀의 완패도 아니었다. 마지막 반격에서 원전이 외부 공격에 취약할 수 있다는 사실을 확인했기 때문이다. 그러나 대범 팀의 머리엔 완패란 생각이 가득했다.

새롭게 전열을 정비하고

대범 팀은 교실 밖으로 나왔다. 햇살은 따사로웠지만, 다들 가슴이 서늘했다. 상대 팀에게 크게 깨진 탓에 몹시 의기소침한 상태였다. 기주는 의자에 앉았고, 대범은 벽에 기댄 채 힘없이 땅을 차는 시늉을 했다.

"얘들아, 기운 내."

슬기가 자판기에서 빼 온 음료수를 건네며 짐짓 활기찬 목소리로 말했다. 슬기도 마음이 어수선했지만, 기운 빠진 친구들에게 힘을 주고 싶어서 일부러 활기찬 척했다.

"쟤네 뭐야? 이건 뭐 완전히 전문가들이랑 토론하는 느낌이야."
답답했던 대범이 씩씩거리며 목소리를 높였다.
"쟤네들 준비를 엄청나게 한 것 같아."
대범은 혼잣말로 계속 툴툴댔지만, 기주는 차분한 목소리였다.
"아무래도 후반전에는 다른 작전이 필요하지 않을까?"
슬기는 친구들에게 새로운 전략이 필요함을 강조했다.
"어떤 작전?"
"쟤네가 질문으로 자꾸 우릴 공격하니까, 그 부분을 좀 세게 어필할 필요가 있겠어."
"그런다고 질문을 안 할까? 별로 소용없을 것 같은데……."
슬기 제안에 대범이 의문을 표했다.
"질문을 안 한다는 보장은 없지만, 손해 볼 것도 없잖아. 내가 강하게 항의해 볼게."
"그래, 슬기 말대로 손해 볼 건 없지. 아무래도 그건 슬기한테 맡기는 게 좋겠어."
기주가 슬기 제안에 동의하자 대범은 더 따지지 않았다.
"그러면 그다음 작전은 어떻게 짜야 할까?"
"우리도 질문을 퍼붓는 건 어때?"
턱을 괸 채 골똘히 생각 중이던 슬기가 내놓은 전략이었다.
"좋은 방법은 아닌 듯해. 상대의 질문 공격에 항의하면서 똑같이 질문을 퍼붓는다면, 앞뒤가 안 맞지 않나? 또 하나, 그렇게 토론하려면 우리가 상대가 모르는 정보를 많이 가지고 있어야 하는데, 오늘은 우리 준비가 덜 돼 있잖아. 그렇게 하려고 해도, 다음 토론에서나 가능하겠지."

대범이 어렵겠다는 이유를 밝히자 이어서 기주가 거들었다.

"대범이 말에 동의해. 그리고 한 가지 문제가 더 있을 것 같아. 선생님께서 우리에게 가르쳐 주신 올바른 토론 자세, 다들 기억하지?"

기주의 물음에 잠시 생각에 잠겨 있던 두 사람은 고개를 끄덕였다.

"선생님이 강조하셨잖아. 토론은 상대를 깨부수는 싸움이 아니라고. 쟤네가 공격적으로 한다고 우리까지 그럴 필요는 없지. 좀 불리하더라도 우리는 우리만의 방식으로 하자. 선생님의 가르침대로 말이야."

기주의 말투가 사뭇 비장했다. '지식, 혼자 멋있는 척하기는…….' 대범은 속으로 비꼬았지만, 기주의 말을 부정하진 못했다. 기주 얘기를 듣고 있자니 대범의 머릿속에 불현듯 선생님의 말씀이 떠올랐다.

"대범아, 토론에서 꼭 이기려고 할 필요는 없어. 상대를 이기려는 지나친 욕심은 토론을 망치는 독이 되기도 하거든. 상대를 이기겠다는 생각이 아니라 상대에게 배운다는 생각으로 토론에 참여하면, 생각지 못한 것을 배울 수 있고 더 나아가 상대를 이길 수도 있단다."

대범은 기주가 그렇게 나쁜 아이는 아닐지 모른다고 생각했다. 선생님 얼굴이 기주와 겹쳐 눈앞에 어른거리자 불쑥 그런 생각이 들었다.

"그래, 너희 말이 맞는 것 같아. 내 생각이 좀 짧았네. 그럼 이제 어떻게 해야 할까? 이대로 당하고 있을 수만은 없잖아."

잠시 생각에 잠겨 있던 대범도 슬기의 말에 덩달아 한숨지었다.

"그러게. 정말 답이 안 보인다······."

그때 기주가 불쑥 이렇게 말했다.

"상대 팀이 서로 다른 원전의 구조를 대비하면서 우리나라 원전이 안전하다고 강조했잖아."

"그랬지."

"이 부분은 원전의 설계나 기계적인 부분과 관련된다고 봐. 그러니까 원전 내부의 문제로 볼 수 있겠지. 근데 원전의 안전성은 원전 바깥의 문제와도 관련이 깊지 않을까?"

"원전 바깥의 문제?"

슬기와 대범은 알 듯 말 듯한 표정을 지었다.

"쉽게 말해서, 지진 같은 거 말이야. 후쿠시마 원전을 생각해 봐. 원전 내부 문제가 아니라 지진 때문에 사고가 발생했잖아."

"그런 걸로 알고 있어."

"그러니까 지진 등 원전 외부에서 생기는 문제를 파고들어서 위험성을 부각하는 거야."

"음······. 원전을 안전하게 짓고 관리하더라도 외부에서 발생하는 문제까지 완벽히 통제할 수 없다?"

슬기가 그제야 깨달았다는 듯이 맞장구를 쳤다.

"그렇지. 그런 건 원전 설계나 안전 관리 등을 넘어서는 문제니까."

기주의 생각을 이해했다는 듯 다들 힘차게 고개를 끄덕였다.

"좋아, 그럼 기주 말대로 지진 얘기부터 시작해 보자. 우리가 지진과 관련해선 조사를 좀 했잖아?"

슬기가 말을 끝내자마자 다들 자료를 꺼내 들춰 보기 시작했다.

"그래, 관련 자료가 좀 있는 것 같네. 잘됐다. 이걸로 하면 되겠어. 그럼 누가 먼저 할래?"

슬기가 묻자마자 대범이 나섰다.

"아무래도 너희의 활약에 비해 내가 좀 부족했던 것 같아. 이번엔 내가 먼저 해 볼게."

대범은 이번엔 꼭 잘하겠다고 생각하며 입술을 깨물었다.

"좋아, 네가 그렇게 생각한다면 먼저 해. 그럼, 잘해 보자는 뜻으로 파이팅 한번 할까?"

슬기의 제안으로 모두 손을 모아 파이팅을 외쳤다. 그러자 가라앉은 마음이 거짓말처럼 조금 홀가분해진 듯했다. 남은 음료수를 후딱 마저 비우고 교실로 향했다. 교실로 향하는 발걸음에 힘이 실려서 다들 성큼성큼 걸었다. 마음에 어둡게 내려앉은 구름이 걷히자 파란 하늘이 더 파래 보였다. 기주가 제안한 작전은 과연 성공할 수 있을까?

한반도는 지진에서 안전할까?

"자, 모두 자리에 앉아 주세요. 미리 공지한 것처럼, 안전은 원전에서 가장 중요한 문제라서 오늘 토론은 다른 토론들보다 더 길게 진행하도록 하겠습니다. 그럼 토론을 시작할까요? 이번엔 누가 먼저 할래요?"

대범이 손을 번쩍 들었다.

"제가 먼저 하겠습니다."

"네, 말씀하세요."

대범이 드디어 전반전의 부진을 만회하고자 자신 있게 발언을 시작했다.

"아까 찬성 팀에서 '설계나 시공의 오류, 종사자들의 실수나 태만, 정비 불량 등의 문제가 없었기 때문에 큰 사고가 여태 한 번도 일어나지 않았다.'고 말씀하셨는데요."

"네, 그랬습니다."

"거기까진 인정한다고 치고요. 원전에 종사하는 이들이 완벽하게 잘한다면 안전할 수도 있지요. 근데 한 가지 빠뜨린 부분이 있군요. 아까 저희가 100만분의 1의 확률을 반박하면서 한 가지 조건을 더 언급했습니다. 바로 예기치 않은 불상사입니다. 자연재해나 전쟁 등은 우리 의지와 상관없이 일어납니다. 원전 종사자들이 아무리 잘해도, 위험의 요소가 늘 남아 있는 이유입니다."

의도한 건 아니었지만, 대범은 기주의 발언을 근거로 주장을 폈다. 본의 아니게 기주의 어시스트를 받아서 슛을 때리는 모양새였다. 그 모습을 지켜보던 슬기의 마음엔 반가움이 솟아났다. 그러나 슬기의 마음과 달리 대범이 일부러 그런 건 아니었다.

"예기치 않은 불상사도 결국엔 확률의 문제가 아닐까요? 예기치 않은 자연재해는 자주 발생하는 게 아니라 아주 드물게 발생하니까요."

찬성 팀에서 지영이 쓱 나섰다.

"드물더라도 한번 발생하면 큰 사고로 이어지기 때문에 문제가 되지 않을까요?"

전반전과 같이 슬기가 지영에 맞섰다. 다시 팽팽한 긴장감이 흘렀다.

"네, 그럴 위험성도 있겠죠. 근데 자연재해라고 해 봤자 지진이 대표적일 텐데, 한국은 일본과 분명히 다릅니다. 혹시 환태평양 지진대라고 들어 보셨나요?"

지영이 슬기를 쏘아보며 질문을 던졌다. 지영의 눈매가 매서웠다.

"당연히 알죠. 태평양을 둘러싼 지진 우발 지역이잖아요."

슬기는 '그 정도는 우리도 알고 있거든요.' 하는 표정으로 대수롭지 않게 대답했다. 이미 예상했다는 투였다.

"네, 지구상의 지진 중 90퍼센트가 이곳에서 발생합니다. 빈번히 지진이 발생하고 화산이 폭발하는 탓에 '불의 고리'라고 부르지요. 일본은 환태평양 지진대에 속합니다. 원전 사고도 지진 해일_{바닷물이 크게 일어 육지로 넘쳐 들어오는 현상}에 의해 발생했어요. 반면 한반도는 불의 고리에 속하지 않습니다. 한국을 일본과 같은 조건에 놓고 지진의 위험을 과장할 필요가 없어요."

슬기 대신 기주가 반론에 맞섰다.

"한국과 일본의 상황이 똑같지 않다는 점은 동의합니다. 근데 한반도 역시 지진 안전지대가 결코 아닙니다. 2016년에 발생한 경주 지진을 떠올려 보세요. 텔레비전이나 인터넷 등을 통해 담벼락이 무너지고 땅이 흔들리는 영상을 보셨을 겁니다. 혼비백산한 사람들이 거리로 뛰쳐나오고, 상점의 대형 유리창이 와장창 깨지는 광경을 보면서 정말 소름이 돋았습니다."

지영이 계속 응수했다.

"저도 무서웠던 기억이 납니다. 서울도 땅이 흔들렸으니까요. 모두가 지진의 공포를 느꼈을 거예요. 지진이 무서운 자연재해란 점은 인정해요. 다만 이례적인 경우를 일반화해선 안 된다고 생각해요. 경주 지진을 사례로 원전의 안전성을 비판하는 건 일반화의 오류가 아닐까요?"

지영이 물러서지 않았다. 그때 대범이 나섰다.

"일반화의 오류요? 토론 내용과 상관없는 이상한 말 쓰지 마시고, 구체적인 내용으로 토론하죠."

지영은 쓴웃음을 살짝 지어 보이며 대범에게 대꾸했다.

"이상한 말은 아니고요. 일부 사례를 가지고 전체를 판단할 때 일반화의 오류라고 합니다. 논리학에서 논리적 오류를 지적할 때 쓰는 말입니다. 구체적 내용을 제시하라고 해서 몇 마디 보탤게요. 혹시 한국과 일본의 지진 발생 빈도 차이를 알고 있나요?"

지영이 대범 팀을 바라보며 다시 질문을 던졌다.

"……"

답할 만한 정보가 없는 대범 팀은 넋을 놓고 침묵했다. 침묵을 깨고 입을 연 건 슬기였다.

"자꾸 저희한테 묻지 마시고 그냥 말을 하세요. 퀴즈 대회도 아니고 왜 자꾸 묻는 겁니까?"

지영은 슬기의 날 선 태도에 아랑곳하지 않고 발언을 이어 갔다.

"네, 저도 퀴즈 대회가 아니라 토론 대회라는 점은 알고 있습니다. 제가 자꾸 질문을 던지는 이유는 상태 팀에서 정확한 정보를 알고 있는지 확인하기 위해서입니다. 그게 문제인가요?"

이에 질세라 슬기가 볼멘소리로 따지듯 되물었다.

"알았으니까 그 정확한 정보나 바로 얘기하세요. 저희는 퀴즈 대회에 나온 게 아닙니다."

"선생님, 토론에서 벗어난 얘기인 줄 알지만, 이 부분에 대해 잠시 해명해도 될까요?"

슬기가 세게 나왔지만 지영은 전혀 개의치 않았다. 지영은 사회자 쪽을 보며 정중하게 양해를 구했다. '쳇, 점잔 빼기는.' 슬기 눈에는 그런 모습마저 가식으로 느껴졌다.

"네, 길지 않게 하세요."

"감사합니다. 토론은 의견이 다른 양쪽이 서로의 주장을 펴는 말하기라고 생각합니다. 그런데 주장만 난무한다면 좋은 토론이라 하기 어렵지 않을까요? 주장을 뒷받침하는 타당한 근거가 없다면 그 주장은 한갓 모래 위에 지은 집과 같겠지요. 토론이 말싸움과 다른 이유가 바로 여기에 있습니다. 그런 점에서 상대에 대한 예의가 아닐 수 있지만, 정확한 근거나 사실을 알고 있는지 확인코자 거듭 질문하게 된 겁니다. 기분 나쁘셨다면 사과하겠습니다."

"……"

순간 대범 팀은 할 말을 잃었다. 정확한 근거에 따라 토론하자는 주장은 지극히 당연한 얘기였다. 대범은 사과는 제스처일 뿐, 결국 한 방 먹이는 거라고 생각했다. 그러나 성과도 있었다. 슬기의 신경질적인 문제 제기 덕분인지 이후로 상대 팀의 질문 빈도와 강도는 전에 비해 약해졌다.

불안감의 근거가 있을까?

"토론 자세에 대한 얘기는 그 정도로 마무리하고, 지진에 대해서 더 논의해 볼까요?"

할 말이 궁색했던 대범 팀 입장에선 사회자의 개입이 반가웠다. 지영의 일격으로 대범 팀이 잠시 혼란에 빠졌기 때문이다.

"제가 하겠습니다."

손을 들고 나선 건 준수였다.

"아까 저희 팀원이 일반화의 오류를 언급했는데요, 지진에 대한 상대 팀의 주장이 왜 일반화의 오류인지 설명하겠습니다. 한반도에서도 지진은 발생합니다. 다만, 발생 빈도를 놓고 볼 때 한국은 일본의 1,500분의 1에 불과합니다. 일본에서 1,500번 지진이 날 때, 한국에선 한 번 지진이 나는 거죠. 따라서 경주 지진 한 건만 가지고 한국과 일본의 상황이 비슷하다고 주장할 순 없지 않을까요?"

대범과 기주가 받아쳤다.

"지진 빈도에서 한국이 일본

보다 더 적은 건 인정해요. 또, 경주 지진이 한반도의 지축을 크게 흔든 유일한 지진이라는 점도요. 그러나 경주 지진은 지진 관측상 최대의 지진일 뿐, 한반도에서 일어난 최대 지진으로 단정하긴 어렵습니다. 아주 오래전부터 한반도에는 지진이 발생했어요. 많은 역사서가 이를 증명하고요."

"기상청이 발간한 〈한반도 역사 지진 기록〉에 따르면, 한반도에서도 규모 6.7의 강진이 발생한 적이 있다고 해요."

이번엔 은실이 나섰다.

"옛날에도 지진은 있었겠지요. 다만 현대적인 관측이 시작되기 이전의 지진 규모는 섣불리 판단하기 어렵습니다. 백 보 양보해서, 경주 지진만큼 큰 지진이 있었다 해도 달라질 게 없어요. 경주 지진은 규모가 5.8이에요. 반면에 후쿠시마 참사를 일으킨 동일본 대지진은 9.0에 달하고요. 차이가 짐작이 되나요? 숫자상 차이는 3.2이지만, 파괴력의 차이는 엄청나지요. 지진 규모가 1씩 커질 때 에너지는 서른두 배 늘어납니다. 9.0은 5.8보다 32×32×32배, 즉 32,768배 강한 지진이에요. 경주 지진에 맞먹는 지진이 있

었다 해도, 동일본 대지진과는 비교가 안 됩니다."

은실이 못을 박듯 힘주어 말했다. 준수가 은실의 반론에 살을 붙였다.

"우리 정부는 규모 6.5 이상의 지진이 날 가능성이 거의 없다고 보고 있어요. 이는 한국 지질 자원 연구원이나 기상청 등의 공식 입장입니다. 6.5 정도는 천 년에 한 번씩 발생한다고 해요. 게다가 현재의 원전은 6.5에서 7.0까지 지진을 견디도록 내진 설계가 돼 있습니다."

바로 슬기가 맞섰다.

"경주 지진의 규모가 5.8이라는 사실은 인정합니다. 문제는 지진이 발생한 동해 남부 해안에 18기의 원전이 있다는 점입니다. 후쿠시마의 경우, 반경 30킬로미터 이내 인구가 약 17만 명이었습니다. 반면 경주는요, 진원지_{지진이 시작된 곳}와 가까운 월성원전 인근에만 130만 명이, 50킬로미터 떨어진 고리원전을 포함하면 380여만 명이 삽니다. 원전에서 사고가 발생

하면 그 많은 사람을 어디에 수용할까요? 대혼란이 예상됩니다. 또 하나, 한반도에서 6.5 이상의 지진이 발생할 가능성이 적다고 했는데, 가능성이 적을 뿐 없는 건 아니잖아요? 6.5 지진이 천 년 주기로 발생한다는 점도 따져 봐야겠지만, 설사 그렇다고 인정해도 어쨌든 천 년에 한 번씩 위험한 상황이 올 수 있다는 거잖아요?"

슬기 말이 끝나자 기주가 이어서 덧붙였다.

"좀 더 보충할게요. 찬성 팀에서 언급한 한국 지질 자원 연구원이나 기상청은 정부 기관이기 때문에 그곳의 연구나 발표는 정부 입장과 가까울 수밖에 없을 겁니다. 정부가 최대 지진을 6.5로 가정하는 것도 그렇습니다. 원전의 내진 설계 기준에 맞추기 위한 가정은 아닌지 의심스럽네요."

"그렇게 의심할 만한 근거가 있나요?"

기주와 은실이 주거니 받거니 공방을 이어 갔다.

"딱히 근거는 없지만, 6.5라는 최대 지진 규모는 다소 문제가 있습니다. 학계의 의견은 정부와 다른 걸로 압니다. 저희가 조사한 바로는, 어떤 학자는 한반도에서 최대 7.4 규모의 지진이 발생할 수 있다고 주장합니다."

"지진의 위험성에는 동의합니다. 다만, 누누이 강조했듯 한국과 일본은 상황이 다릅니다. 이 점은 인정하시죠?"

"한국과 일본이 똑같다는 건 아닙니다. 다만 경주 지진에서 보듯이 한반도가 지진 안전지대가 아님을 명심할 필요가 있어요. 한국이 지진 안전지대가 아니라는 점에 동의한다면, 그다음 단계를 생각해야 하지 않을까요?"

기주가 은실을 뚫어질 듯 쳐다보며 동의를 구했다. 은실이 그런 기주를 향해 질문을 던졌다.

"그다음 단계가 뭡니까?"

"첫째, 지금처럼 원전을 유지하는 게 옳을지 따져 봐야 합니다. 둘째, 원전을 유지하더라도 지진을 어떻게 대비할지 고민해야 해요. 원전은 무조건 안전하다거나 당장 폐쇄해야 한다는 식으로 극단적 주장을 펼 게 아니라면, 안전하면서도 현실적인 방안을 찾아야 합니다."

기주가 차분하게 발언을 이어 갔다. 이번엔 지영이 다소 부드러운 말투로 반론을 폈다.

"좋은 지적입니다. 한반도가 지신으로부터 완벽히 안전하다고 주상하는 건 아닙니다. 당연히 지진 대비도 필요합니다. 사전에 위험을 예방하는 일은 중요해요. 다만 불필요한 불안감을 줄 이유는 없지 않을까요? 방심이나 부주의도 문제지만, 근거 없는 불안도 문제니까요."

지영의 말이 끝나기 무섭게 슬기가 목소리를 높였다.

"불필요한 불안감이요? 안전한 방안을 찾자는데 불필요라니요? 안전은 아무리 강조해도 지나치지 않습니다. 〈판도라〉 같은 영화를 보면, 지진으로 인해 냉각수 장치가 고장 나 원자로가 폭발하는 장면이 나옵니다. 사고로 인해 수많은 사람이 고통받는 장면도 나오고요. 그 영화를 봤다면 감히 불필요 운운할 순 없을 겁니다."

그러자 지영도 목소리를 높였다.

"안전은 강조할수록 좋지요. 다만 지나친 불안감은 문제 아닐까요? 지나친 불안은 냉정을 무너뜨리는 촉매제가 될 수 있습니다. 가령 초보 운전자가 운전대를 잡을 때 적당한 긴장이야 좋지만, 눈앞이 캄캄할 정도로 긴장한다면 안전 운전이 가능할까요? 안전을 무시하자는 게 아니라, 지나친 걱정과 불안을 주의하자는 뜻입니다. 흥분하지 마시고 제 말을 똑똑히 들어 주세요."

둘의 눈빛이 쨍하고 부딪쳤다. 분위기가 다시 냉랭해질 것 같자, 사회자가 화제를 돌렸다.

"자, 좋아요. 그렇다면 원전의 안전성에 대한 우려가 근거 없는 불안감인지, 아닌지 논의해 보도록 할까요? 찬성 팀에서 먼저 말씀해 주세요."

빙긋 웃으면서 나선 건 준수였다.

"제가 할게요. 그전에 여러분 인상들 좀 푸세요. 너무들 눈살을 찌푸리고 있는 것 같아요. 자, 자, 여기 인상 쓰기 대회 아니잖아요."

준수가 지영과 슬기를 번갈아 보며 애원하듯 부탁했다.

"안 그러면, 나중에 인상 쓰는 표정 그대로 주름 생긴다고요. 여러분이 너무 인상들을 쓰고 있으니까, 제 마음이 불편해서 말이 잘 안 나오네요. 하하하."

아이들 사이에서 키득거리는 소리가 들렸다.

"이제 미소가 좀 보이네요. 그럼, 지진의 불안감에 대해서 설명할게요. 지진이 무섭고 위험한 자연재해라는 점은 누구도 부정할 수 없습니다. 저희라고 지진이 원전에 아무런 영향을 안 미친다고 주장하겠어요? 근데 지진과 원전 사고의 관계는 직접적이라기보다 간접적인 관계……."

"간접적이라뇨? 그게 정확히 무슨 뜻이죠?"

준수의 말이 끝나기도 전에 대범이 질문을 던졌다.

"아, 성격 급하시네? 지금 말할 참이었는데. 원전 사고는 지진의 직접적인 영향으로 발생하는 게 아니에요. 원자로나 격납 용기 등은 지진으로 파손되지 않거든요. 아까 〈판도라〉 얘기를 하셨는데, 영화 속 설정은 영화적 상상일 뿐 실제와는 달라도 많이 다릅니다. 후쿠시마 사고 때 규모 9.0의 엄청난 지진이 발생했습니다. 그러나 주변 원전 열여덟 곳 중 원자로와 격납 용기가 파손된 곳은 없었어요. 〈판도라〉에선 겨우 6.1의 지진으로 원자로가 폭발하는데 이건 지나친 과장입니다."

"격납 용기가 파손되지 않았다 해도, 지진 때문에 후쿠시마 사고가 터진 건 사실 아닌가요?"

대범이 재차 의문을 제기했다.

"후쿠시마 원전 사고는 지진이 일으킨 쓰나미해일 때문에 발생했어요. 쓰나미 탓에 원전 시설 내부로 바닷물이 밀려들면서 전력이 끊겼고, 그로 인해 냉각수 펌프가 작동하지 않게 되자 원자로 내부 온도가 급상승하면서 결국 격납 용기가 녹아내리는 사태까지 간 거고요."

"하고 싶은 말이 뭡니까? 원전 사고가 지진 탓이 아니란 건가요? 해일로 냉각수가 끊겼다 해도, 해일의 원인이 지진 아닌가요? 그런데도 지진에 대한 우려를 기우로 치부할 건가요?"

"다시 말하지만, 지진의 위험성을 과소평가하진 않습니다. 단지 지진의 직접적인 영향으로 원전 사고가 발생한 게 아니기 때문에 지진 자체에 너무 과민 반응할 필요가 없다고 생각해요. 중요한 건 지진으로 예상할 수 있는 문제를 빈틈없이 대비하는 것 아닐까요?"

대범과 준수가 한 치의 양보 없이 말씨름을 벌였다.

안전시설과 거대 시스템

사회자가 끼어들어 쟁점을 전환했다.

"좋아요, 논의가 자연스레 사고 예방으로 옮아갔군요. 이제부터 안전 대비에 대해 논의해 볼까요? 누가 먼저 말해 볼래요?"

기주가 손을 번쩍 들고선 발언을 시작했다.

"일본의 사례로 원전이 가진 근본적인 문제를 지적해 볼게요. 후쿠시마 참사는 해일로 전기 계통의 작동이 멈추면서 발생했습니다. 일본은 지진에 철저히 대비해 왔어요. 근데 해일은 미처 대비하지 못했지요. 여기서 중요한 사실을 발견하게 됩니다. 우리가 여러 시나리오를 바탕으로 사고를 대비하더라도, 예상치 못한 부분에서 사고가 날 수 있단 사실입니다."

은실이 바로 되받아쳤다.

"사실, 원전 사고뿐만 아니라 다른 사고들도 그렇지 않나요? 예기치 못한 사고나 화재 등은 언제, 어디서나 발생할 수 있어요. 이를 원전만의 문제라고 말하긴 어렵지 않을까요?"

은실의 반론에 기주가 다시 응수했다.

"제가 하고 싶은 말도 그겁니다. 그런 사고는 언제든, 어디서든 일어날 수 있습니다. 근데 보통의 대형 참사와 달리 원전은 엄청난 희생자를 낳습니다. 피해 규모에서 원전 사고는 상상을 초월하고요. 일본의 어떤 학자가 이렇게 말했어요. "이 세상에 인간이 끌 수 없는 불이 있다. 그것은 원자력이다." 정상적인 상황에서 원자력은 사람의 통제 아래 있습니다. 그러나 핵연료에서 나오는 방사능을 사람이 완벽하게 통제하긴 어려워요."

이번엔 지영이 거들고 나섰다. 지영은 평소에 흥분을 잘하는 편이지만 오늘만큼은 차분하게 토론에 임하려고 노력 중이었다.

"대형 사고는 언제든 우발적으로 일어날 수 있습니다. 그런 게 무서워서 원전을 폐쇄해야 한다면, 도대체 우린 뭘 할 수 있나요? 교통사고가 무서우니 차를 없애고, 비행기 사고가 무서우니 비행기를 없애자는 것과 뭐가 다른가요? 중요한 것은 사고를 예방하고 안전장치를 잘 갖추는 거예요. 원전에 이중, 삼중, 아니 그 이상의 안전장치를 마련하면 되지 않을까요? 선박, 지하철 등에는 위험을 예방할 안전장치가 있어요. 원전은 그보다 몇 배는 더 엄격하게 사고 예방에 힘쓰는 걸로 압니다."

반대 팀에서는 기주가 계속 방어했다.

"과연 우리 원전의 안전장치는 충분할까요? 원전은 바닷가에 있어요. 원자로를 식히기 위한 냉각수를 쉽게 얻기 위해서죠. 바닷가에 지어진 원전을 보호하려고 쌓은 담을 방벽이라고 합니다. 후쿠시마 원전의 방벽 높이는 5.7미터입니다. 근데 원전을 덮친 쓰나미의 높이가 13.1미터에 달했어요. 이게 바로 사고가 터진 이유지요. 우리 원전의 방벽은 얼마나 높을

까요?"

"모르겠네요."

지영이 담담하게 대답했다.

의도치 않은 일격이었다. 기주가 별 의도 없이 질문을 던졌는데, 상대가 대답을 못 했다. 슬기는 속으로 기뻐했다. 기주가 발언을 이어 갔다.

"대부분의 원전에 해안 방벽이 설치되지 않았고 설치된 일부 원전조차 그 높이가 충분하지 않습니다. 예를 들어 고리 원전에는 10미터 높이의 해안 방벽이 설치돼 있는데요. 2018년 감사원은 '100년 빈도 태풍이 다가오면 바닷물 높이가 최대 17미터에 이를 것으로 분석돼 안전성 검증이 필요하다.'고 지적했습니다. 그러나 여태 후속 조치는 없는 것으로 알고 있습니다."

찬성 팀 에이스인 은실이 반격에 나섰다.

"해안 방벽에 대해 잘은 모르겠지만, 외부 전원이 끊겼을 때를 대비해서 디젤로 가동하는 비상 발전기를 설치한 걸로 압니다. 또, 비상 발전기를 싣는 트레일러도 준비돼 있습니다. 해일이 밀려오면 이 트레일러로 비상 발전기를 인근 언덕으로 옮기지요. 전력이 끊기면 냉각 펌프 작동이 멈춰서 수소 폭발로 이어질 수 있기 때문입니다."

반대 팀에서는 슬기가 쓱 나섰다.

"안전시설도 중요하지만, 진짜 핵심은 안전시설을 얼마나 많이 설치하느냐의 문제가 아닙니다. 대형 참사는 우리 사회의 문화나 제도, 관례에서 비롯한 사회적 재난이 아닐까요? 여러 문제를 지적할 수 있겠지만, 안전보다 이윤을 우선시하는 점이 가장 큰 문제라고 생각합니다."

"대형 참사가 돈 때문이라고요? 대표적인 대형 참사인 세월호를 예로 들자면 승객을 버리고 도망간 선장과 승무원들의 잘못 아닌가요?"

지영과 슬기가 티격태격 입씨름을 이어 갔다.

"무책임한 선원의 잘못도 있겠죠. 근데 사고의 책임을 전적으로 개인에게 돌리기 어려운 측면이 있어요. 선박을 불법 증축했고, 배에 싣는 화물을 늘리려고 평형수를 줄였어요. 세월호는 배의 균형을 잡아 주는 평형수가 부족해서 복원력기운 배가 원래 상태로 돌아가는 힘을 잃고 침몰했어요. 이처럼 대형 참사는 우발적 사고가 아니라 사회적 사고에 더 가까워요."

"세월호와 원전이 무슨 상관이 있나요? 대형 참사가 제도나 문화, 관례 등에서 비롯했다고 칩시다. 그렇다고 원전에서 똑같은 문제가 발생하리라고 단정하긴 어려워요."

"혹시 원전 비리를 들어 보셨나요? 2012년에 터진 원전 비리 사건은 파장이 컸습니다. 불량 위조 부품이 원전에 납품됐고, 그런 부품을 교체하는 작업으로 5기의 원전이 운행을 멈췄어요. 2013년 6월부터 2015년 11월까지 모두 106건에 대한 원전 비리 재판이 있었고, 그중 71건이 선고되었습니다. 법인을 제외하고 개인만 160명이 재판에 넘겨져 68명이 실형을 받았어요. 이들의 형량을 합치면 징역 253년에 달합니다. 한국 사회의 고질적인 문제가 원전에서도 반복된 거예요."

"저희도 그 사건을 압니다. 다만 과거 사례만 보고 앞으로도 그럴 거라고 단정할 순 없어요. 일부 사례를 가지고 원전 종사자 전부를 비리 집단

처럼 매도해서도 안 되고요."

지영과 슬기 사이에 공격과 방어가 뜨겁게 오가고 나서 기주가 끼어들었다.

"과거 사례라고 하셨는데, 저희는 그렇게 안 봅니다. 과학 기술 종사자들도 사회에 속해 있고, 따라서 그 사회의 문화에 영향을 받기 마련입니다. 돈을 안전보다 중시하는 사고방식이 사회에 퍼져 있다면, 당연히 원전 종사자들도 그런 사고방식에서 자유롭기 어렵습니다. 따라서 원전 비리 문제는 그저 과거의 지나간 사건이 아니라 지금도 벌어지고 있을지 모르는 일이에요. 또 하나, 원전 종사자 전체를 매도할 생각은 없습니다. 단지 68명에 달하는 유죄 확정자로 미뤄 보건대 원전 비리가 일부의 문제는 아니란 걸 알았으면 해요."

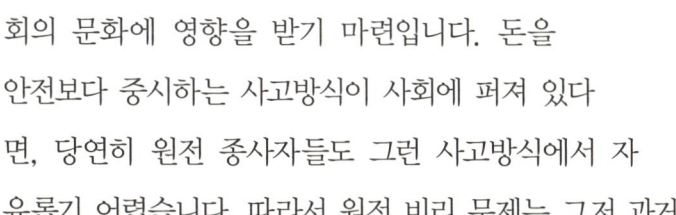

"안전보다 돈을 중시한다? 그렇게 말하는 근거가 대체 뭐죠?"

지영이 기주에게 따지듯 물었다. 그러자 기주가 되물었다.

"혹시 한국 원자력 안전 기술원 홈페이지를 가 봤나요?"

"네, 원전과 관련된 여러 자료가 있어서 가 봤습니다."

"홈페이지에서 '원전 사고 고장 현황'을 클릭하면 원전 사고와 고장 내용 등을 확인할 수 있어요. 지금껏 발생한 크고 작은 사고와 고장 내용이 공개돼 있는데, 1997년부터 2021년까지 모두 861건에 달합니다."

"그런데요?"

"거기 보면 미확인 용접이 나옵니다. 그게 뭘까요? 원자력 발전소 안에는 파이프들이 굉장히 많습니다. 이걸 정식 자격 없는 사람이 용접한 게 미확인 용접이에요. 영광 원전, 울진 원전 등에서 확인됐습니다. 안전을 중시하면 결코 있어선 안 될 일입니다."

"……"

기주가 말을 마친 후 지영이 말을 못 하자 슬기도 거들고 나섰다.

"한 가지만 더 얘기할게요. 원전은 거대한 시스템으로 돼 있습니다. 200만에서 300만 개의 부품으로 이뤄진 원전을 완벽하게 통제한다는 생각은 환상에 불과합니다. 설비 자체가 거대하고 복잡한 탓에 완벽한 통제가 사실상 불가능해요."

"지금도 원전이 잘 통제되고 있습니다. 여러분의 생각처럼 원전이 통제 불가능하다면, 원전 사고가 전 세계적으로 연달아 발생해야 하지 않을까요?"

찬성 팀에서 나선 건 준수였다. 슬기는 준수의 반격에 재빨리 응수했다.

"스리마일섬 원전 사고를 보죠. 이 사고는 여러 문제가 겹치면서 발생했어요. 우선 냉각수 필터가 고장 났어요. 때문에 냉각수의 흐름이 막혔습

니다. 예비 냉각 장치가 있었지만, 사고 당일은 예비 장치의 밸브가 닫혀 있었어요. 예비 장치의 계기판은 하필 바로 위에 걸려 있던 '수리 요함'이라는 안내판에 가려 안 보였습니다. 원자로의 붕괴를 막는 예비 시스템이 있었지만, 그날은 그 시스템도 작동이 안 됐어요. 원전 전체를 통제하는 조종실의 방사능 감지기조차 작동하지 않았고요. 사태의 심각성을 파악했을 때는 이미 원자로가 붕괴 직전이었어요."

"그렇다면 지금 당장 모든 원전의 가동을 멈추자는 말씀인가요? 원전이 그렇게 위험하다면 하루라도 기다려선 안 되죠. 안 그런가요?"

준수가 빈정거리듯 물었다.

"당장 모든 원전을 폐쇄하자는 게 아닙니다. 원전이 가진 위험성과 특수성을 정확히 인식하고, 원전을 대체할 에너지원이 있는지 찾아보자는 거예요. 만약 그런 게 있다면 원전을 줄이는 동시에 그런 에너지원을 늘리는 쪽으로 가야 하고요."

슬기와 준수가 공방을 벌이는 중에 사회자가 끼어들었다.

"자, 시간이 많이 지났네요. 첫 번째 토론회인데, 열기가 아주 뜨겁군요. 시간상 지칠 때도 됐는데, 끝까지 최선을 다하는 모습에 놀랐어요. 다음 시간에도 오늘 못지않은 열정으로 열심히 토론해 주길 바랍니다. 오랜 시간 수고 많았고, 오늘 토론은 이만 끝내겠습니다."

대범은 시계를 흘끗 쳐다봤다. 정말 시간이 꽤나 흘렀다. 모두가 시간 가는 줄 모르고 토론에 집중했다. 그런데도 다들 아쉬움이 남았다. 특히 대범 팀의 아쉬움이 컸다. 아쉬움을 뒤로하고 교실을 빠져나왔다.

대범은 터벅터벅 걸었다. 교문을 나설 때쯤 해가 뉘엿뉘엿 넘어가는가 싶었는데 그새 지평선 아래로 완전히 숨어 버렸다. 어두운 전신주 아래서 무언가 꿈틀거렸다. 길고양이였다. 쓰레기봉투를 헤집던 고양이가 대범을 힐끗 돌아보고는 이내 고개를 돌렸다. 고양이는 다시 헤집기에 열중했다. 그때 누군가 대범의 어깨를 툭 쳤다. 슬기였다.

"야, 같이 가자니까. 왜 먼저 가?"

"응, 좀 피곤해서……. 집에 얼른 가서 쉬려고."

"그래, 나도 무지 피곤하다. 오늘, 어땠던 것 같아?"

"좀, 힘들었지. 쟤네, 좀 버거운 느낌이야."

"그렇지? 쟤네, 신짜 노대체 뭐야? 무슨 토론 전문가들도 아니고. 자료 조사는 또 얼마나 해 온 건지. 아무튼, 무서운 애들이야."

"다음 토론이 걱정이다."

"그래, 나도 마찬가지야. 근데 기주 걔 좀 잘하더라. 연습하면서 어느 정도 눈치채긴 했지만, 그 정도로 잘할 줄은 몰랐어."

"……."

"왜? 넌 그렇게 생각 안 해?"

"아니, 기주가 생각보다 잘하긴 하더라……."

"아무래도 기주를 에이스로 밀어야 할까 봐. 토론 대회 끝나고 기주랑 같이 축구할까?"

대범이 좀 난감한 표정을 지었다.

"하기 싫어?"

"아니, 나중에 시간 봐서."

대범이 심드렁한 표정으로 성의 없이 대답했다.

"시간 봐서는, 무슨 시간 봐서야? 팀워크를 위해서라도 조만간 모여서 공을 차야겠어."

"……."

"아이, 재미없어. 무슨 얘길 해도 별 대꾸도 없고."

대범이 듣는 둥 마는 둥 했다. 슬기는 대범의 마음을 눈치챘지만 아무것도 모른 척 일부러 툴툴거렸다. 어떻게든 기주와 대범의 사이를 이어 주고 싶었지만, 대범의 마음에 빗장이 단단히 걸린 탓에 쉽지 않았다. 둘은 좀 더 이야기를 나눈 뒤에 골목 어귀에서 헤어졌다.

"잘 가."

"그래, 내일 보자."

뒤돌아 가는 대범의 등 뒤에서 슬기의 외침이 날아들었다.

"조만간 축구하자."

사실 대범은 기주를 신경 쓸 여유가 없었다. 오로지 다음번 토론이 걱정이었다. 대범은 '몸은 피곤한데 잠이 안 올 것 같다.'고 생각하며 대문을 열었다. 삐거덕. 대문 여는 소리가 귀에 거슬렸다. 대범은 살짝 미간을 찌푸렸다. 왠지 평소보다 더 날카롭게 들리는 듯했다.

함께 정리해 보기
원전의 안전성에 대한 쟁점

원전을 찬성한다 | **논쟁이 되는 문제** | **원전을 반대한다**

원전을 찬성한다	논쟁이 되는 문제	원전을 반대한다
최악의 원전 사고는 극히 드물게 발생했다.	원전 사고는 예외적일까?	지금까지 여러 번의 원전 사고가 있었다.
원전의 개수와 사고 가능성은 무관하다.	원전이 많으면 사고가 날까?	원전이 많을수록 사고의 확률은 높아진다.
비등 경수로인 일본 원전과 가압 경수로인 한국 원전은 근본적으로 다르다.	한국의 원전은 일본과 달리 안전할까?	가압 경수로라고 반드시 안전한 건 아니다.
지금까지 한 번도 원전을 위협할 정도의 지진이 발생하지 않았다.	한반도는 지진 안전지대일까?	한반도는 지진 안전지대가 결코 아니다.
우리 원전은 지진과 사고에 잘 대비하고 있다.	안전시설은 충분할까?	지진과 사고 대비가 충분하지 않다.

2
원전은 경제적인 에너지일까?

원전이 싼 에너지인가, 비싼 에너지인가는 늘 논란거리야. 핵심은 발전 단가를 어떻게 계산하느냐에 달려 있지. 전기를 생산하는 과정에 들어간 비용을 발전 단가라고 불러. 원자력의 발전 단가는 다른 에너지원에 비해서 상대적으로 싼 걸로 알려져 있어. 그런데 한편에서는 원자력이 결코 싼 에너지가 아니라고 주장하지. 전기를 만드는 데 들어간 비용 말고도 폐기물 처리나 사고 수습 등에 들어갈 비용을 감안한다면 말이야. 이런 비용들을 발전 단가에 포함할지, 또 포함한다면 얼마나 포함할지 등이 중요한 쟁점이야. 이것은 현 세대와 미래 세대가 비용을 어떻게 분담할지에 관한 문제라고 할 수 있어.

원전 찬성 팀

원자력 발전은 석탄이나 석유, 신·재생 에너지보다 훨씬 싸. 기본적으로 연료비가 거의 들지 않는다는 점에서 원자력은 매우 경제적인 에너지라 할 수 있어. 일부에서는 발전 단가 통계가 정확하지 않다고 비판하기도 하지만, 정부 기관에서 만든 정확한 통계야. 한편 발전 단가에 폐기물 처리 비용 등을 포함해야 한다는 주장도 있어. 그러나 에너지 생산의 혜택을 현세대와 미래 세대가 함께 누리고 있기 때문에 폐기물 처리 비용을 현세대만 부담하는 것은 맞지 않아.

발전 단가만 놓고 보면 원자력 발전이 싼 건 분명한 사실이지. 다만 그 발전 단가가 어떤 내용을 담고 있고, 또 어떤 과정을 거쳐 나오는지는 따져 볼 필요가 있어. 우선 발전 단가 통계는 정부 기관에서 작성하기 때문에 객관적이지 않을 수 있어. 더 중요한 것은 발전 단가에 핵폐기물 처리 비용이나 사고 발생 시 수습 비용 등을 전혀 반영하지 않는다는 점이야. 만약 발전 단가에 이들 비용을 정확히 반영한다면 원자력은 결코 싼 에너지원이 아니야.

반격의 서막

첫 번째 토론이 끝난 다음 날, 대범 팀이 긴급 작전 회의를 소집했다. 선생님도 참석했다.

"그래, 토론하면서 어떤 점이 가장 아쉬웠니?"

선생님이 아이들을 둘러보면서 질문을 던졌다.

"아무래도 실력 차이가 큰 것 같아요. 그래서 다음번 토론을 잘할 수 있을지 걱정돼요."

대범이 다소 풀이 꺾인 채 대답했다.

"저희가 너무 못한 것 같아요. 다음번 토론에서 잘한다 해도 이번에 너무 망쳐서 결국 승산이 없을 것 같다는 생각이……."

슬기 역시 근심 어린 표정으로 말끝을 흐렸다.

"그래, 너희 심정은 이해해. 상대 팀이 준비를 아주 많이 한 것 같더구나. 그래도 이미 지나간 일에 너무 마음 쓰지 말자. 우리가 신경 쓴다고 달라질 것도 없잖아. 중요한 건 지난번 토론에서 무얼 배웠는지, 그리고 배운 걸 다음 토론에 어떻게 적용할지 아니겠어?"

"선생님 말씀이 맞아요. 그리고 저희가 아주 못한 것만도 아니에요. 처음에는 좀 밀린 게 사실이지만, 뒤로 갈수록 저희 의견을 적극적으로 피력한 것 같아요."

기주의 설명에 선생님도 한마디 보탰다.

"그래, 기주가 말 잘했다. 나 역시 토론을 계속할수록 가능성을 봤어. 전반적으로 열세였던 것 같지만, 준비한 것을 최대한 보여 줬잖아? 그런 점에서 완패는 아니야."

선생님의 말에 대범괴 슬기기 고개를 끄덕였다.

"어머! 선생님, 저희 토론한 거 다 보셨어요?"

슬기가 불쑥 깨달은 듯 물었.

"다 본 건 아니고, 지나가면서 복도에서 조금 봤어. 그러면 초반과 후반의 가장 큰 차이가 뭐였을까? 후반부에선 어떻게 만회할 수 있었지?"

"처음엔 상대 팀이 저희가 모르는 것들을 마구 질문해서 어리둥절했어요. 생각의 갈피를 잡기 어려워 더 힘들었고요. 그러다 휴식 시간 이후에는 저희도 일방적으로 밀리지 않고 대등하게 맞섰던 것 같아요."

"아마도 후반부에서 주로 토론했던 지진 등에 대한 자료 조사를 잘 준비했던 덕분 같아요."

선생님의 질문에 슬기와 기주가 연달아 대답했다.

"그랬구나. 다음번 토론에서 어떻게 해야 할지 답이 나온 것 같은데."

"네?"

"방금 너희가 말한 것 중에 앞으로 어떻게 준비하면 좋을지에 대한 힌트가 숨어 있는데."

"음, 제 생각을 말해 보면······. 기본적인 실력 차이는 어쩔 수 없다고 생각해요. 그 부분은 우리의 한계를 인정하고, 당장 극복이 가능한 부분을 중심으로 작전을 짜야 할 것 같아요."

기주가 전체적인 맥을 짚자 슬기가 세부 내용을 제시했다.

"지금 당장, 바로 토론 능력을 획기적으로 끌어올리는 건 불가능할 테고, 아무래도 자료 조사에 좀 더 치중해야겠어요. 지난번 토론에서 번번이 상대 팀에게 끌려갔던 이유도 자료 조사가 부족했기 때문인 것 같아요."

답은 나왔다. 대범 팀은 두 번째 토론에서 다룰 원전의 경제성과 관련된 자료 조사에 힘을 쏟기로 했다. 작전 회의를 마무리할 즈음 선생님이 깜짝 제안을 했다.

"토론 준비는 그렇게 하기로 하고. 이제 밥 먹으러 갈까? 선생님이 맛있는 거 사 줄게."

"와, 좋아요!"

선생님은 어떻게든 아이들을 격려해 주고 싶었다. 밥이라도 먹여서 아이들에게 기운을 불어넣어 주고 싶었다. 다들 부리나케 가방을 챙겼다.

이후 아이들은 선생님의 조언에 따라 열심히 자료 조사를 했다. 방대한 자료를 모아서 정리하는 데만도 여러 날이 걸렸다. 결실도 있었다. 자료가 쌓이자 상대가 가지고 나올 무기가 대강 그려졌다. 대범 팀은 자료 조사에 심혈을 기울인 결실을 과연 볼 수 있을까?

발전 단가의 비밀

만반의 준비를 끝내고 두 번째 토론 대회가 열리는 날이 다가왔다.

"자, 모두 자리에 앉아 주시기 바랍니다."

각자 자리를 잡았다. 찬성 팀 팀원들은 한결같이 자신만만한 표정이었다. 대범 팀은 살짝 긴장한 듯했지만, 이번만큼은 철저한 준비로 밀리지 않으리라 다짐했다.

"오늘은 예고대로 원전의 경제성을 토론하겠습니다. 먼저 찬성 팀에서 발표해 주실까요?"

사회자의 요청에 찬성 팀의 준수가 먼저 나섰다.

"원자력 발전은 매우 효율적입니다. 원자력 발전의 경제성을 뒷받침하는 근거로 우선 발전 단가를 들 수 있어요. 에너지원별 생산 단가라는 게 있습니다. 쉽게 말해서 같은 양의 전기를 생산할 때 드는 에너지원별 비용을 뜻하는데요. 전기 1킬로와트시_{시간당 사용하는 전력의 양을 나타내는 단위}를 생산하는 데 원자력은 40원, 석탄은 60원, 액화 천연가스_{LNG}는 125원, 중유는 188원, 신·재생 에너지*는 240원이 들어갑니다. 이것만 봐도 원자력이 다른 에너지원보다 훨씬 저렴하다는 사실을 알 수 있어요."

※ 재생 에너지와 신(新)에너지를 합쳐 신·재생 에너지라 부른다. 재생 에너지는 태양광, 태양열, 풍력, 바이오매스(생물 자원)처럼 자연 상태에서 만들어져 재생이 가능한 에너지를 뜻한다. 신에너지는 연료 전지, 수소 에너지 등을 포함한다.

"원자력, 참 싸다 싸!"

지영이 준수의 발언에 살을 붙였다. 지영은 시작이 좋다고 생각했는지 살짝 미소를 지었다.

"그뿐이 아닙니다. 원자력은 석탄의 300만분의 1의 양으로 전기를 생산할 수 있습니다. 같은 양의 전기를 만드는 데 우라늄은 1킬로그램만 있으면 되지만 석탄은 무려 3천 톤이 필요해요. 석유는 9천 드럼입니다. 우라늄을 이용하는 원전이 그만큼 효율성이 높은 거죠."

찬성 팀의 발제가 끝나기 무섭게 슬기가 불쑥 말문을 열었다. 슬기의 눈빛이 번득였다.

"그런데요, 혹시 생산 단가 자료의 출처가 어떻게 되나요?"

"에너지 경제 연구원으로 아는데요."

"에너지 경제 연구원은 국책 연구 기관입니다. 쉽게 말해, 정부가 지원하는 연구 기관이죠. 정부의 입맛에 맞는 보고서를 작성할 가능성이 높지 않을까요?"

"무슨 근거로 그렇게 주장하는 겁니까? 정부의 지원을 받는다고 해서 무조건 정부 입맛에 맞는 보고서를 만든다니요?"

지영이 발끈하며 반문했다.

"꼭 그렇다는 게 아니라, 그럴 가능성도 있다는 겁니다. 혹시 에너지원별 생산 단가를 어떤 방식으로 산출하는지 아나요?"

슬기가 넌지시 떠볼 요량으로 다시 질문을 던졌다.

"그 부분까지는 저희가 미처……."

지영이 말을 잇지 못했다. 지영의 얼굴에서 웃음기가 싹 사라졌다.

'아싸!' 슬기는 속으로 쾌재를 불렀다. 질문 공세를 통한 공격을 자제하자는 친구들의 얘기가 걸리긴 했지만, 슬기는 질문 공격 욕구를 참지 못했다. 여러 날에 걸쳐 힘들게 자료 조사한 덕을 조금은 보고 싶었다.

"산출 근거까진 미처 확인을 못 했네요. 다만 에너지 경제 연구원은 국내 유일의 에너지 정책 연구 기관이에요. 공신력 있는 기관이 내놓은 자료를 타당한 근거 없이 깎아내려선 안 되지요. 저희는 믿을 만한 기관의 자료이기 때문에 굳이 세부적인 산출 근거를 확인할 필요는 느끼지 못했습니다."

위기감을 느낀 은실이 서둘러 방어에 나서자 바로 기주가 응수했다.

"저희 의도는 통계의 한계를 지적하고자 한 것입니다. 국민이 세 명인 나라가 있다고 해 봐요. 셋의 소득은 각각 200만 원, 800만 원, 1억 1천만 원입니다. 이 나라의 평균 소득은 4천만 원이에요. 그런데 4천만 원이 그 나라 국민의 소득 수준을 잘 보여 준다고 할 수 있을까요?"

"……."

기주의 질문에 찬성 팀은 아무 대답도 하지 못했다.

"토론 논제와 관련 없는 내용 같네요. 연 소득 평균이 도대체 원전과 무슨 상관이 있나요?"

돌아가는 상황이 심상치 않다고 느낀 준수가 거들었다. 반대 팀에선 기주가 계속 응수했다.

"에너지원별 생산 단가를 산출하는 과정에서 어떤 내용을 넣고, 또 어떤 내용을 빼는지 정확히 알 필요가 있다는 거예요. 앞서 든 평균 소득 사례처럼 통계의 함정에 빠지지 않으려면 말입니다."

팀원들이 잠시 머뭇거리는 사이에 나선 건 다시 은실이었다.

"그 부분은 알겠어요. 그렇다면 에너지원별 생산 단가에 포함한 내용은 무엇이고, 누락한 내용은 대체 뭔가요?"

은실의 말을 되받은 것은 기주였다.

"전기를 생산하는 데 필요한 연료 구입 비용을 포함하고 있습니다. 화력 발전의 경우에 석탄, 가스 등일 테고, 원자력 발전의 경우에 우라늄이 되겠지요. 또 발전소를 운영하고 관리하는 비용 등도 포함하고 있어요."

"그렇다면 중요한 비용들을 다 포함하고 있는 거 아닌가요?"

은실은 다짐을 받듯 물었다. 은실과 기주의 공방이 이어졌다.

"그렇게 생각할 수 있지만, 원전은 다른 에너지원과 다른 측면을 가지고 있습니다. 가장 대표적인 것이 사고 처리 비용입니다. 일차적으로 사고 피해에 따른 손실, 이차적으로 피해 복구를 위한 비용이 있어요."

"아니, 아직 발생하지도 않은 사고 비용을 어떻게 생산 단가에 반영한단 거죠? 현재 시점에서 비용을 가늠하기도 어렵고, 설령 비용 예측이 가능하다 해도 실제로 사고가 발생할지 확실치 않은데 말입니다."

은실이 밀리지 않으려고 끝까지 버텼다. 평소 순하고 차분해 보이던 은실이 눈을 부릅떴다.

"그렇지만 기업과 정부에서 어떤 비용을 계산할 때 미래 비용이라는 걸 고려하지 않나요? 비용 분석에는 현재 비용뿐만 아니라 미래 비용도 포함합니다. 특히나 보험 산업처럼 미래 비용이 중요한 분야에선 특히 더 그렇죠. 비용을 예측해야 보험료를 책정할 수 있으니까요."

사회적 비용 – 숨겨진 혹은 떠넘겨진 비용

대범 팀 입장으로선 시작이 좋았다. 대범은 '역시 자료 조사를 철저히 하니까, 반전의 기회가 생기는구나.' 하며 혼자서 뿌듯해했다. 대범이 여세를 몰아 상대를 더욱 몰아붙였다.

"저희는 원자력 발전에서도 미래 비용이 매우 중요하다고 생각해요. 다시 한번 강조하자면, 사고 발생 시 피해 규모가 어마어마하기 때문이에요. 따라서 원자력 발전 단가에는 사고 복구 및 피해 보상 등에 소요될 비용을 반드시 고려할 필요가 있어요."

대범이 발언을 마치자 기주가 거들었다.

"1킬로와트시당 40원이라는 단가도 따져 봐야겠지만, 더

중요한 문제는 사고 발생 위험 비용, 사용 후 핵연료 처리 비용, 원전 해체 및 환경 복구 비용, 송전 선로의 건설 비용 등을 발전 단가에 거의 반영하지 않았다는 점이에요. 이들 비용은 사회적 갈등을 유발하는 중요한 부분인데도 말이지요."

실로 오랜만에 기주와 대범의 협동 공격이었다. 불현듯 대범의 머릿속엔 기주와 함께 운동장에서 땀을 흘리던 장면이 떠올랐다. 대범이 기주와 함께 호흡을 맞추며 미드필더와 공격수로 공을 주고받던 모습이었다. 그러자 동료 의식 같은 게 조금 싹트는 듯했다. 한 떨기 야생화가 핀다고 황무지가 꽃밭이 되는 건 아니지만, 전에 비해 큰 변화였다.

"게다가 돈이 한두 푼 들어가는 것도 아닙니다. 사고 발생 위험 비용, 사용 후 핵연료 처리 비용, 원전 해체 및 환경 복구 비용 등은 모두 엄청난 자금을 필요로 합니다."

슬기가 쐐기를 박았다. 말을 마치고는 입술을 앙다물었다.

"지난번 토론에서도 말씀드렸지만, 저희는 사고 가능성과 원전의 위험성을 그렇게 심각하게 보지 않습니다. 따라서 저희는 원전 사고를 전제로 한 비용 산정에 동의하기 어렵습니다."

은실은 '더 이상 밀릴 순 없어.'라고 생각했다. 그러자 말끝이 자기도 모르게 올라갔다. 눈치 빠른 슬기가 이 틈을 놓치지 않고 반격했다.

"원전을 찬성하는 입장에선 그럴 수 있다고 생각합니다. 어차피 평행선을 달릴 게 뻔하니 사고 발생 가능성에 관해선 넘어가지요. 여러분이 동의할 만한 문제를 얘기할게요. 혹시 사용 후 핵연료와 같은 방사성 폐기물*에서 방사능이 나오지 않을 때까지 얼마나 걸리는지 아나요?"

"수만 년 이상 걸리는 걸로 알고 있습니다."

이번에는 은실 대신 준수가 바통을 이어받았다.

"폐연료봉은 10만 년이에요. 그동안 어떻게 관리해야 할까요?"

"당연히 폐기물 처리장 등에 매립해서 관리해야겠죠."

"정확히 알고 있네요. 방사성 폐기물은 연탄재 버리듯이 함부로 버릴 수 없습니다. 생태계에 치명적인 방사선을 방출하기 때문이에요. 방사성 폐기물 처리장을 짓고, 또 10만 년 이상 관리하려면 많은 비용이 들어갑니다. 그렇다면 누가 그 비용을 부담하게 될까요?"

"방사성 폐기물 처리장을 짓는 비용은 당연히 우리가 부담해야겠지만, 10만 년 동안 관리하는 비용은 우리 후손들이 부담할 수밖에 없지 않나요?"

"그렇죠. 근데 여기서 한 가지 의문이 들지 않나요? 원자력 발전으로 생산한 전기는 현세대가 사용하는데, 그 폐기물은 미래 세대가 관리한다? 무언가 이상하지 않나요? 어떤 걸 사용하다 발생한 쓰레기는 그것을

* 방사성 폐기물은 방사능을 방출하는 폐기물이다. 방사능이 다소 적게 나오는 중·저준위 폐기물과 방사능이 많이 나오는 고준위 폐기물로 나뉜다. 원전에서 사용한 장갑, 작업복, 필터, 기계 부품 등이 중·저준위 폐기물에 속하고, 전기를 만들고 남은 핵연료와 원전 해체 폐기물 등이 고준위 폐기물에 속한다. 중·저준위 폐기물의 관리 기간이 대략 300년인 반면에 고준위 폐기물은 최소 1만 년 이상이다. 강한 방사선과 높은 열을 방출하는 고준위 폐기물은 매우 위험해서 완전히 격리해야 한다.

사용한 사람이 책임져야지요. 그게 상식입니다. 그런데 원전의 경우엔 이 상식이 적용되지 않습니다."

"사용자가 쓰레기를 책임져야 한다는 것에 동의합니다. 하지만 10만 년 이상 관리돼야 할 방사성 폐기물은 다르지 않을까요? 10만 년의 비용을 산출하기도 어려울뿐더러, 산출한다 해도 현세대가 막대한 비용을 다 감당하는 건 불가능합니다. 어차피 수많은 세대에 걸쳐 관리해야 한다는 점에서 미래의 한 세대가 아니라 여러 세대가 비용을 나눠서 부담하는 거니까, 후손들에게도 큰 부담은 되지 않을 겁니다."

슬기와 준수가 꽤 오랫동안 공방을 이어 갔다.

"비용 산출이 쉽지 않다는 점은 인정합니다. 다만, 비용이 막대하기 때문에 현세대의 책임이 없거나 적다고 할 수 있을까요? 후손들에게 비용을 전가하는 게 과연 정당할까요? 설령 현세대가 모든 비용을 감당하진 못하더라도, 많은 부분은 부담해야 마땅합니다."

"현세대의 책임이 없다고 말하진 않았습니다. 다만 현세대가 모두 책임지기에는 너무나 큰 부담이라고 말씀드렸던 겁니다. 그러니 여러 세대가 책임을 함께 나누어 지면 좋지 않을까, 그런 얘깁니다. 한 세대를 30년으로 볼 때, 10만 년이면 3천 세대라고 할 수 있습니다. 무거운 짐을 3천 세대가 함께 짊어지면 부담도 줄어들 겁니다."

"네, 제가 좀 오해를 했군요. 아무튼 현세대가 일정한 부담을 져야 한다는 점은 동의하시는 거네요? 근데 후손들은 어떤 이유에서 우리가 내다 버린 쓰레기를 책임져야 하나요? 그것도 3천 세대에 걸쳐서 말이에요.

아무리 생각해 봐도 이해가 안 됩니다."

"아마도, 그건……. 여러 세대가……."

준수가 말끝을 흐리며 우물쭈물 얼버무렸다. 그러자 보다 못한 지영이 나섰다.

"그건 이런 거죠. 우리 덕분에 후손들이 존재할 수 있는 거 아닐까요? 그렇게 보면 후손들은 우리에게 빚지고 있는 셈이에요. 비유하자면, '생명의 빚'이라 할 수 있어요. 선조인 우리 덕분에 후손인 그들이 존재하게 됐으니, 선조들이 생명을 유지하고 문명을 이어 가기 위해서 사용했던 에너지원의 폐기물을 함께 책임져 줄 수 있지 않을까요?"

잠시 생각을 정리한 슬기가 목소리를 가다듬고서는 반론을 제기했다.

"큼큼, 생명의 빚이라……. 그럴듯한 표현이군요. 근데 참 이상합니다. 후손들에게는 생명의 빚을 지우면서, 정작 우린 왜 생명의 빚을 갚으려고 하지 않죠?"

"생명의 빚을 갚다니요? 우리가 무슨 빚이 있다는 말씀인가요?"

지영이 발끈하며 쏘아붙였다.

"생각해 보세요. 후손들이 우리 덕분에 존재한다면, 우리 역시도 선조들 덕분에 존재하는 거예요. 그렇다면 우리도 선조들에게 생명의 빚을 진 셈이지요. 우리가 발 디디고 사는 이 땅을 생각해 봐요. 이 땅은 선조들에게 물려받은 게 아니라 후손들에게 빌린 건 아닐까요? 그렇다면 우리에게는 잠시 사용하다 후손들에게 물려줄 책임이 있을 텐데, 우린 마치 지구의 자원을 다 써 버릴 듯이 마구 고갈시키고 있잖아요."

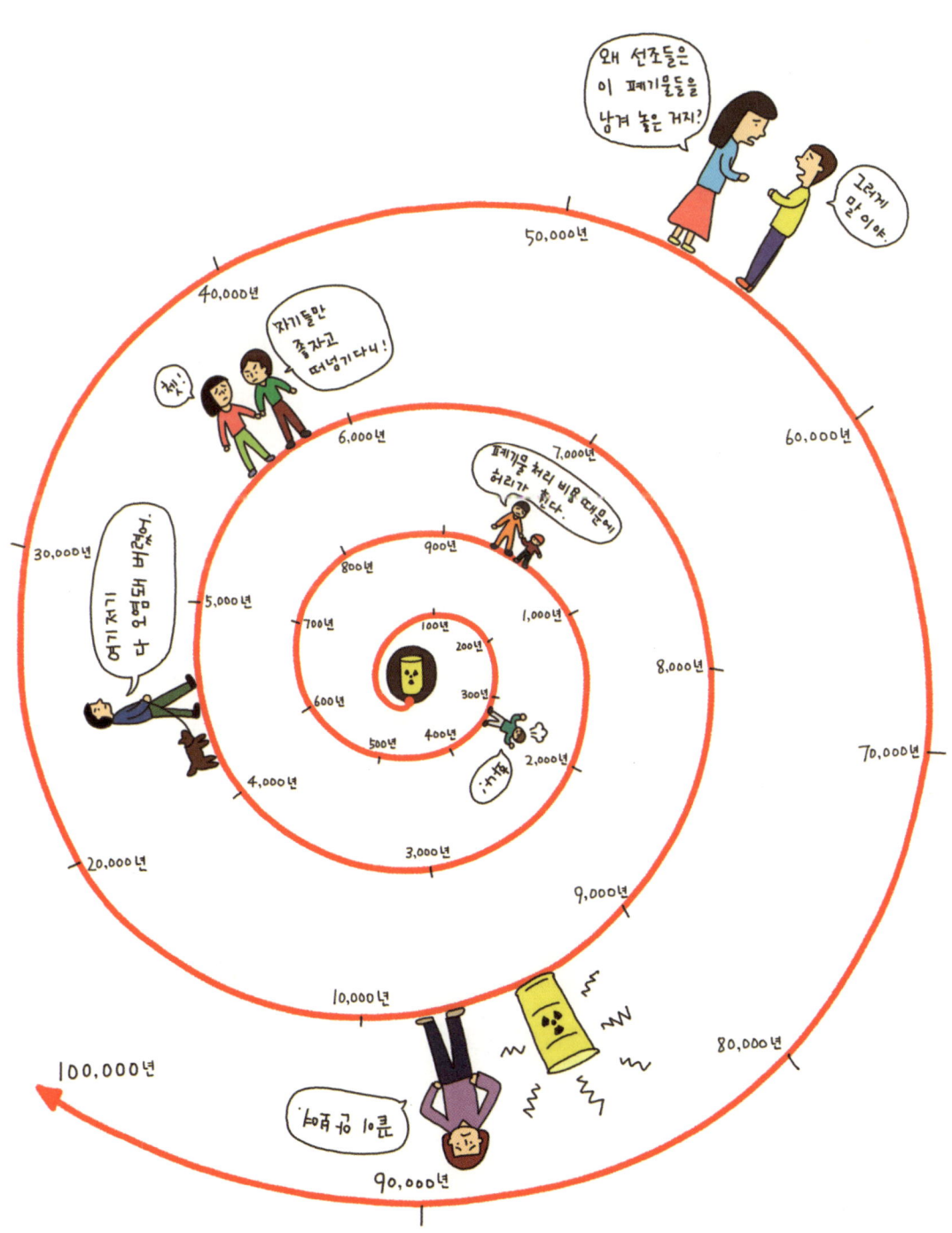

반대 팀에선 슬기의 의견에 수긍한다는 듯이 연신 고개를 끄덕거렸다.

"……"

지영은 순간 할 말을 잃었다. 상대를 잡으려고 던진 올가미가 되레 지영을 옭아매고 있었다. 지영은 공격의 빌미를 제공했다는 생각에 어떻게든 수습해 보려고 다시 나섰다.

"논점에서 벗어난 거 아닌가요? 자원 고갈, 환경 파괴가 원전과 무슨 상관이 있나요? 원전이 그런 문제를 낳은 것도 아닌데 말이죠."

지영은 짐짓 태연한 척하며 당황한 기색을 숨기려 애썼다. 슬기가 곧장 방어에 나섰다.

"직접적인 관련은 없지만, 생명의 빚이라는 개념을 제시하셔서 반론 삼아 던져 본 겁니다. 저는 찬성 팀에서 제시한 생명의 빚이라는 개념이 매우 중요하다고 생각합니다. 다만, 그것이 자기 책임을 남에게 미루는 핑계가 아니라, 자기 책임을 다하기 위한 근거가 돼야 한다고 생각해요. 즉, 후손들에게 쓰레기를 떠넘기기 위해서가 아니라 쓰레기를 남기지 않기 위해서 그 개념을 사용해야 하지 않을까요?"

'와, 슬기가 저렇게 똑똑했었나?' 대범은 슬기를 대견하다는 듯이 쳐다봤다. 슬기가 말을 끝내자마자 기주가 못을 박듯이 덧붙였다.

"지금 든 생각인데, 생명의 빚은 인간들 사이에만 걸쳐져 있는 건 아닐 듯합니다. 인간과 자연 사이에도 생명의 빚이 이어져 있지 않을까요? 인간을 숨 쉬게 하는 공기와 인간을 먹여 살리는 먹거리가 없다면 인간은 한순간도 존재하기 어려워요. 따라서 인간의 생명은 자연에 빚지고 있는 셈이지요. 우리에겐 자연을 아끼고 지켜야 할 책임이 있습니다."

슬기의 얼굴에는 빙긋이 미소가 번졌다. 드디어 한 건 했다는 그런 표정이었다. 기주의 발언에 지영이 되물었다.

"자연을 잘 보존하자는 데는 반대하시 않습니다마만, 그게 원전과 무슨 상관이죠?"

슬기가 다시 야무지게 입술을 한 번 오므렸다가 입을 열었다.

"방사능 폐기물이 떠올라서 한 말입니다. 생태계에 치명적인 고준위 폐기물이 10만 년이나 건재하다는 점을 자연의 관점에서 생각할 필요가 있다는 겁니다."

"아, 그 부분은 원전과 환경의 관계에 대한 거니까 다음 토론에서 다루도록 합시다."

사회자가 끼어들자 슬기가 살짝 머쓱한 표정을 지었다. 사회자의 제지로 대범 팀이 주춤하긴 했지만, 슬기의 반격을 시작으로 기세가 오른 건 분명해 보였다.

어쨌든 싸지 않나?

"전기 1킬로와트시를 생산하는 데 필요한 연료비 단가를 비교해 볼게요. 2015년 기준으로 원자력은 5.16원, 석유는 161.08원, LNG는 106.75원입니다. 원자력의 연료비가 석유 대비 3.2퍼센트에 불과한 정도로 굉장히 싸다는 걸 알 수 있어요."

지영이 눈을 치켜뜬 채 힘주어 말했다. 그러자 기주도 덩달아 한 방 쏘아 올렸다.

"연료비가 저렴한 것은 인정합니다만, 사회적 비용을 감안하면 연료비는 의미가 없습니다. 원자력 발전의 비용이 저렴하다는 것은 오직 연료비 차원에서만 맞는 얘기일 뿐입니다."

"자꾸 사회적 비용을 말씀하시는데, 다른 에너지원은 사회적 비용이 발생하지 않나요? 가령 화력 발전을 생각해 보세요."

다소 지친 기색이 역력한 지영을 대신해 나선 건 준수였다. 이대로 밀릴 찬성 팀이 아니었다. 이 부분은 준수도 열심히 준비했던 터였다.

"화력이야 그렇죠. 온실가스 배출로 지구 온난화를 부추기니까요. 그러나 다른 모든 에너지원의 사회적 비용이 같지는 않아요. 원자력이나 화력의 경우에 사회적 비용이 적지 않지만, 친환경 에너지원의 경우에는 사회적 비용이 그리 크지 않습니다. 예를 들어 태양력이나 풍력 등은 미래 세대에게 별다른 부담이 되지 않아요."

"어찌 됐든 사회적 비용이 원자력만의 문제는 아니지 않나요?"

기주 대신 준수를 상대한 건 우쭐해진 슬기였다.

"동의합니다. 논점에서 다소 벗어난 얘기지만, 화력 발전을 언급하셨기에 짤막하게 저희 입장을 말씀드릴게요. 저희는 사회적 비용, 더 나아가 환경에 미치는 영향 등을 고려해서 원자력 발전은 물론이고 화력 발전도 줄여 가야 한다고 생각합니다. 당장 원자력과 화력 발전을 전면 중단하긴 어렵겠지만, 점차적으로 줄이는 게 맞다고 생각합니다."

"원자력과 화력에 대한 의존도가 92.2퍼센트*에 달한다는 사실을 알고 있나요? 이렇게 중요한 에너지원을 포기하겠단 건가요?"

슬기와 준수가 공방을 벌이는 중에 대범이 끼어들었다.

"다시 말하지만, 저희가 모든 원전이 가동을 당장 중단하자고 주장하는 건 아니에요. 태양력이나 풍력, 수력, 지열 등 신·재생 에너지 등을 확대해 가면서 점진적으로 줄이자는 거죠. 신·재생 에너지는 환경에 부담을 주지 않고, 화석 연료도 필요 없는 무한 에너지입니다. 예를 들어, 가축의 배설물조차 전기 생산에 이용할 수 있어요. 축분 발전소, 쉽게 말해 소똥 발전소라는 게 있어요. 똥이 발전소의 연료가 된다는 게 믿어지세요?"

똥 얘기가 자꾸 나오자 여기저기에서 키득거리는 소리가 들렸다.

"자, 자, 여러분 조용히 하세요. 토론에 집중합시다."

 * 2019년 기준으로 원자력과 화력 발전 의존도 92.2퍼센트를 살펴보면, 각각 석탄 화력 40.5퍼센트, 가스 화력 25.7퍼센트, 원자력 26퍼센트이다.

사회자가 아이들을 제지한 뒤에 토론을 재개했다. 이번엔 찬성 팀에서 준수가 나섰다.

"지구 온난화 때문에 화력 발전을 줄이자는 데 전적으로 동의해요. 근데 지구 온난화를 막기 위해서도 원전을 더 늘려야 하지 않을까요? 원자력 발전은 전기를 만드는 과정에서 온실가스를 배출하지 않으니까요. 또, 태양력 등의 에너지원을 당장 획기적으로 늘리기 어렵기도 하고요. 현재 상태에서 친환경 에너지로 넘어가는 단계……, 그러니까 그게…… 아, 과도기 단계에선 원자력에 의존할 수밖에 없죠."

바로 슬기가 문제를 제기했다.

"원자력 발전이 온실가스를 배출하지 않는다는 데 동의할 수 없습니다. 왜냐하면……."

"잠깐만요."

사회자가 대뜸 손을 치켜들고 슬기에게 멈추라는 손짓을 했다. 아이들의 시선이 사회자에게 쏠렸다. 다들 눈짓으로 '뭐지?' 하고 물었다.

"온실가스는 다음 토론에서 다루도록 할까요? 원전이 환경에 미치는 영향은 다음에 중점적으로 살펴보고, 오늘은 경제성에 초점을 맞춰 논의합시다. 온실가스는 빼고 다시 해 주세요."

"음, 다른 에너지원을 늘리는 과도기에 원자력을 활용할 수는 있겠죠. 다만 과도기적 상황을 빨리 끝내고 새로운 에너지 체제로 전환해야 한다고 생각합니다. 그것이 비용 면에서도 더 낫다고 봅니다. 당장 새로운 발전 시설을 세우려면 막대한 돈이 들어가겠지만, 장기적으로 볼 때는 원자력 발전에 들어가는 비용이 더 크기 때문입니다."

이번엔 에이스 은실이 나섰다.

"이미 지적했듯이 장기적 비용은 어차피 미래 세대들이 나눠서 부담하는 거예요. 그렇다면 현재 관점에선 원전이 다른 에너지원에 비해 저렴한 게 사실 아닌가요? 우리만 해도 전체 발전량의 26퍼센트를 원자력 발전에 의존하고 있습니다. 만약 미래 비용을 현재의 생산 단가에 반영해 원전의 발전 단가를 높인다면 그 부담이 누구에게 돌아갈까요? 우리가 전기를 값싸고 넉넉하게 쓸 수 있는 건 낮은 단가 덕분입니다. 생산 단가를

올리면 전기 요금이 올라가죠. 전기를 많이 쓰는 산업 분야도 부담이 커지고요. 현세대가 굳이 미래 비용을 부담할 필요가 있을까요?"

"너무 이기적이지 않나요? 혜택은 현세대가 누리고, 비용은 미래 세대가 내라? 놀부 심보네요."

슬기가 은실의 발언을 받아치자마자 지영이 발끈했다.

"놀부 심보라니요? 말씀이 지나치네요."

"아니, 그렇잖아요. 수많은 비용을 미래 세대에게 떠넘기고 있잖아요. 결국 원자력의 싼 발전 단가는 결코 싼 게 아닌 셈입니다."

지영이 분을 삭이는 사이에 은실이 다시 반격에 나섰다.

"그렇다 쳐도, 미래에 발생할 비용을 현재 원가에 어떻게 반영하죠? 그럴 방법이 있나요?"

반대 팀에선 기주가 방어에 나섰다.

"방법이 없진 않습니다. 원전 1기를 해체하려면 대략 1조 원 이상이 들어요. 현재 이 비용을 원전 원가에 반영해 '사후 처리 기금'으로 적립하고 있습니다. 즉 원전에서 만든 전기의 판매 단가에는 1킬로와트시당 10원 정도의 사후 처리 비용을 포함합니다. 이런 방식으로 사고 발생 위험 비용, 폐연료봉(수명을 다한 연료봉) 처리 비용 등도 원가에 반영할 수 있습니다."

"그렇게 되면 전기료가 엄청나게 많이 오르지 않을까요?"

"당연히 오르겠죠. 국민 생활과 국가 경제에 직결된 전기 요금을 올리는 게 좋기만 할까요?"

"물론 경제와 생활에 부담을 줄 수 있습니다. 다만, 이렇게 원전 원가를 현실화해야만 원전에 대한 의존도를 줄일 수 있다고 생각합니다. 또, 전기 요금을 현실화해야 에너지를 아낄 수 있고, 더 나아가 신·재생 에너지로의 전환도 자연스럽게 유도할 수 있습니다."

지영이 흥분을 가라앉히고 은실을 거들었다.

"상대 팀에서 제시한 사회적 비용을 인정한다고 치죠. 그렇다 해도 사회적 비용이 부담돼서 원전을 중단하자는 데는 동의하기 어렵습니다."

기주로부터 다시 바통을 넘겨받은 슬기가 맞섰다.

"저희가 오로지 사회적 비용 때문에 원전을 중단하자고 한 건 아닙니다. 원전을 반대하는 여러 이유 중 사회적 비용도 있다는 것이고, '원전이 싼 에너지다.'라는 오해를 바로잡을 생각에 강한 어조로 말했을 뿐입니다."

"좋아요. 그런 주장 안 했다고 칩시다. 어쨌든 사회적 비용이 반대 이유 중 하나인 건 맞죠?"

"네, 그렇습니다."

"그렇게 따지면 자동차 이용에 따른 사회적 비용이 크니까 자동차를 없애자고 할 건가요?"

"네? 그게 무슨 얘기죠?"

지영이 호흡을 가다듬고 발언을 이었다.

"저희가 조사한 바로는, 2019년 한 해에만 교통사고가 229,600건이 발생했습니다. 사망자는 3,349명이었고 부상자는 341,712명에 달했지요. 그로 인한 사회적 비용은 매년 수십조 원에 이릅니다. 한국 교통 연구원 자료에 따르면 2018년 한 해만 41조 원을 넘습니다."

"논점을 벗어난 것 같은데요. 교통사고가 원전과 무슨 상관이죠?"

"자꾸 사회적 비용을 언급하시길래, 다른 분야의 사회적 비용을 예로 든 겁니다. 사회적 비용 때문에 원전을 반대하는 논리를 일관되게 적용한다면, 자동차 운행도 반대해야 하지 않을까요?"

"자동차는 다른 대안이 없지 않나요?"

"굳이 대안을 찾자면 기차, 비행기 등 없는 것도 아니죠."

"물론 기차나 비행기가 있죠. 근데 완벽한 대안이 되나요? 비행기를 타면 어디든 다 갈 수 있나요? 공항에서 내리면 택시나 버스를 이용해야 해요. 그런 의미에서 온전한 대안이 아닙니다. 반면에 원전을 대체할 다른 에너지원은 원전이 하는 역할, 즉 전기를 만드는 역할을 완전히 대신할 수 있어요. 원전과 자동차를 비교하는 건 적절치 않아요."

지영과 슬기의 말씨름이 끝나지 않고 이어졌다. 사회자가 멈추라는 손짓을 했다.

"자, 시간이 많이 지났으니 오늘 토론은 이 정도로 마무리할까요? 특별히 더 보탤 내용은 없지만, 한 가지만 얘기할게요. 오늘 나온 여러 이야기 중에 미래 세대에 대한 부분이 참 인상적이었던 것 같아요. 우리가 원전 문제를 자칫 우리들만의 문제로 생각하는데, 원전은 현세대와 미래 세대 모두에게 중요한 문제랍니다. 오늘 토론한 내용을 바탕으로 원전이 인간뿐만 아니라 자연과 미래에 어떤 영향을 미치는지 더 깊이 고민할 필요가 있어요. 참, 다음 토론이 마침 환경에 대한 거죠? 다들 잘 준비해 오도록 하고, 그럼 오늘 토론회는 여기서 마치죠."

"애들아, 오늘 우리 축구 한번 할까?"

"……"

대범은 아무 말이 없었다.

"셋이서 축구를 어떻게 해?"

기주는 하기 싫은 건 아니었지만, 셋만으로 되겠냐고 물었다.

"셋도 가능한 방법이 있지. 어떻게 하냐면……"

"나 오늘 집에 일찍 가 봐야 해서. 먼저 갈게."

대범이 슬기의 말을 끊고 가방을 들고 일어섰다.

"알았어. 그럼 다음에 하자."

슬기가 씁쓸한 입맛을 다시며 인사했다. 슬기는 무언가 개운치 않은 느낌이었다. 대범이 먼저 일어선 뒤 기주와 슬기는 어색하게 앉아 있었다.

"기주야, 대범이가 너 불편해하는 거 알아?"

어색한 침묵을 깨고 슬기가 어렵사리 입을 열었다.

"그래? 나도 좀 이상한 느낌을 받긴 했는데, 그랬던 거구나."

기주가 웃는 듯 아닌 듯 묘한 표정을 지었다.

"아마 축구 때문에 그런 것 같아."

"축구? 축구가 왜?"

슬기가 기주에게 저간의 사정을 설명했다. 기주는 좀 억울한 마음도 있었지만, 대범이 전혀 이해가 안 되는 것도 아니었다.

"다 축구를 너무 좋아해서 그런 거야. 네가 이해해. 근데, 어떻게 해야 할지 모르겠다."

"그건 걱정 마. 내가 대범이한테 말해 볼게. 너무 걱정 안 해도 돼."

"그래? 대신 내가 말했다고는 하지 마."

"대범이가 기분 나빠 할까 봐 그러는구나? 알았어."

"걔, 얼마나 잘 삐치는데. 이름만 대범하고, 대범하질 못해. 너한테 삐친 것만 봐도 알잖아."

"하하, 생각해 보니 이름은 대범이네? 아무튼, 네 얘긴 안 하고 잘 말해 볼게."

"난, 두 사람이 잘 지냈으면 좋겠어. 좋은 친구가 될 것 같은데, 대범이가 너에게 이상한 오해를 해서는……. 하여튼, 고마워."

"고맙긴. 정작 고마워할 사람은 나 같은데? 네 일도 아닌데, 화해시키려고 직접 나서 주고."

"그런가? 우린 한 팀이니까."

"한 팀? 그렇지, 한 팀이지!"

"야, 여기! 이리 차 봐."

운동장에서 뛰어노는 아이들 소리가 들렸다. 슬기는 '그래, 조만간 우리 팀도 모여서 축구를 해야겠다.' 생각하며 살짝 미소를 지었다.

함께 정리해 보기
원전의 경제성에 대한 쟁점

원전을 찬성한다 | **논쟁이 되는 문제** | **원전을 반대한다**

원전을 찬성한다	논쟁이 되는 문제	원전을 반대한다
전문 기관에서 발표한 자료라 믿을 만하다.	발전 단가는 정확할까?	정부가 지원하는 기관이라 정부의 입김이 반영됐을 수 있다.
현세대와 미래 세대가 폐기물 처리 등의 비용을 분담하는 것은 당연하다.	누가 원전의 사후 관리 비용을 부담해야 할까?	미래 세대에게 비용을 떠넘겨서는 안 된다.
원전의 발전 단가는 상대적으로 낮은 편이다.	원전의 발전 단가는 쌀까?	원전 사고, 폐기물 처리 등을 반영하면 발전 단가는 결코 싼 게 아니다.

원전이 정말 경제적인지 지금까지 토론한 내용을 곱씹어 보면서 생각을 정리해 보자.

3
원전은 친환경적인 에너지일까?

지구의 기온이 상승하는 지구 온난화가 갈수록 심각해지고 있어. 지구 온난화를 일으키는 원인은 온실가스로 알려져 있지. 지구 온난화와 관련해서 원자력 발전은 논란거리야. 원전이 온실가스를 거의 배출하지 않는다는 입장과 온실가스를 적지 않게 배출한다는 입장이 대립하고 있지. 원전의 친환경성을 논할 때 또 한 가지 중요한 문제는 방사능이야. 방사능 문제는 원전의 안전과 직결된 문제이기도 하지만 중요한 환경 문제이기도 해. 여기서 쟁점은 크게 두 가지야. 첫째는 방사능의 위해성에 관한 것이고, 둘째는 주변 지역에 미칠 방사능의 위험성이야.

원전 찬성 팀

지구는 날로 급증하는 온실가스 탓에 계속 뜨거워지고 있어. 이를 지구 온난화라고 부르지. 원자력 발전은 지구 온난화를 해결하는 데 매우 중요한 에너지원이야. 왜냐하면 원전은 온실가스를 거의 배출하지 않거든. 원자력 발전은 온실가스를 배출하지 않는다는 점에서 친환경적인 에너지원이야. 일부에선 원전이 방사능 물질을 유출한다는 점에서 환경에 해롭다고 주장하지만, 안전하게 관리하는 원전은 방사능 물질을 유출하지 않지.

기주 대범 슬기

원전은 친환경적인 에너지가 아니야. 온실가스와 방사능 두 가지 이유 때문이지. 전기를 만드는 과정에서는 원전이 온실가스를 많이 배출하지 않는 건 사실이야. 그런데 원자력 발전소의 건설과 유지, 원료인 우라늄의 채굴·농축·운반, 핵폐기물 처리, 발전소 폐쇄 등의 전 과정을 통해 보면 원전 역시 많은 온실가스를 배출해. 또, 원전은 치명적인 방사능 문제를 안고 있어. 원전을 잘 관리하면 방사능 위험으로부터 안전하다고 말하지만, 사실 완벽한 관리와 사고 방지는 불가능에 가까워.

원전이 지구 온난화를 막을까?

두 번째 토론이 끝난 다음 날 은실 팀이 급하게 모였다.
"두 번째 토론에서 상대 팀을 너무 얕잡아 본 것 같아."
준수가 입을 열었다.
"첫 번째 토론 때보다 확실히 준비를 많이 한 것 같지?"
지영이 힘없이 물었다.
"그런 것 같아."
"아무래도 세 번째 토론에선 확실히 기선을 제압해야겠어."
"어떻게?"
"……."
잠시 동안 침묵이 이어졌다. 은실이 앞머리를 쓸어 올리다가 이윽고 입을 열었다.
"상대가 제기할 수 있는 비판이나 반론을 미리 생각해 두면 좋을 것 같아."

"그래서?"

"그걸 바탕으로 공세를 펴는 거지. 예상되는 비판과 반론 등을 어떻게 방어할지 철저하게 준비한 다음에 말이야."

"좋은 생각이야. 같은 방법으로 쟤네가 펼칠 핵심 주장에 대해서도 예상 시나리오를 미리 짜 두면 좋을 것 같은데."

"그게 좋겠다. 상대방 입장에 서서 핵심 주장을 뒷받침할 근거를 파악한 다음에 어떻게 공격할지 생각해 두면 좋겠지."

"그렇겠네. 그럼 이렇게 하면 어떨까? 공격 파트랑 수비 파트를 나눠서 각자 역할에 따라서 자료 조사랑 대응 방식을 준비하는 거야."

은실이 자신이 생각하는 토론 전략을 길게 설명했다. 잠자코 듣고 있던 지영과 준수가 동의한다는 듯이 연신 고개를 끄덕였다.

"그게 좋겠다."

"내 생각도 같아."

지영과 준수가 은실의 의견에 동의했다. 은실 팀은 역할을 분담한 다음에 각자 역할에 따라서 자료 조사와 토론 내용 준비에 들어갔다.

"여러분, 준비됐나요?"

사회자가 토론 시작을 알렸다. 다들 부리나케 자리에 앉았다.

"우선 찬성 팀부터 원자력 에너지가 왜 친환경적인지 발표해 주시죠."

"원자력 에너지가 안전하냐, 경제적이냐, 이 부분은 논란이 될 수 있다고 생각해요. 그러나 오늘 다룰 친환경 문제는 이론의 여지가 없죠. 원자력 발전은 이산화 탄소와 같은 온실가스를 배출하지 않는 청정에너지랍니다. 같은 양의 전기를 만들 때 내뿜는 이산화 탄소량은 석탄이 천 일때 석유가 800이고 우라늄이 겨우 10밖에 되지 않아요. 안전성과 경제성에 대한 논란은 있을 수 있겠지만, 친환경성만큼은 분명합니다."

준수가 기세등등하게 토론의 문을 열었다.

"잠깐만요. 방금 온실가스를 언급했는데, 온실가스가 무엇인지부터 간단히 설명해 줄래요?"

사회자가 준수를 바라보며 추가 설명을 요구했다.

"아, 온실가스요? 음, 온실가스란 이산화 탄소를 비롯해서 메탄, 아산화질소 등 지구를 따뜻하게 만드는 기체입니다. 온실가스는 햇볕에 달구어진 지구 표면에서 나오는 에너지를 흡수합니다. 지구는 이런 과정을 통해 일정한 기온을 유지하죠. 문제는 온실가스가 지나치게 많아지면서 지구 기온이 가파르게 상승하고 있다는 점이에요."

"좋습니다. 온실가스가 무엇이고, 어떤 문제를 낳는지 잘 설명했습니다. 그럼 반대 팀의 입장을 들어 볼까요?"

대범이 바로 반론을 폈다.

"원자력 발전에서 온실가스가 거의 나오지 않는다는 점은 동의해요. 그러나 원자력 발전소의 건설과 유지, 그리고 우라늄 채굴·농축·운반, 거

기에 핵폐기물의 처리, 발전소 폐쇄 등의 전 과정을 통해서 막대한 화석연료가 쓰입니다. 당연히 그 과정에서 엄청난 온실가스를 배출하고요. 따라서 원자력 에너지가 청정에너지라는 주장은 말이 안 돼요."

방어에 나선 건 은실이었다. 지난번 작전 회의에서 은실이 맡기로 한 역할이 수비수였다.

"그건 원자력만의 문제는 아닙니다. 발전 시설을 짓고 연료나 폐기물을 옮기는 과정에서 나오는 온실가스는 원전만 그런 게 아니에요. 태양광 발전소를 보면요, 태양광 패널을 만드는 과정, 발전소로 패널을 운반하는 과정에서 적지 않은 온실가스를 배출합니다. 중요한 건 태양광이나 원자력이나 전기를 만드는 과정에서 온실가스를 배출하지 않는다는 점이에요."

"……."

순간 대범은 할 말을 잃었다. 예상치 못한 반론이었다. '모든 에너지원이 가진 문제라……. 이거 어떻게 해야 하나?' 대범이 그렇게 생각하며 머뭇거리는 사이에 슬기가 치고 나왔다.

"그 점은 인정해요. 다만 원자력 발전이 전기를 만드는 과정에서 온실가스를 배출하지 않는다는 점과 관련해서 짚고 넘어갈 부분이 있어요."

"잠깐만요. 그 얘기를 듣기 전에 원전이 온실가스를 얼마나 배출하는지 설명할게요. 전기 1킬로와트시당 배출하는 온실가스의 양은 석탄의 경우 991그램, 석유 782그램, 천연가스 549그램, 태양광 57그램, 풍력 14그램, 원자력 10그램, 수력 8그램입니다. 온실가스를 줄이려면 신·재생 에너지와 원자력의 비중이 더 커져야 해요."

은실이 슬기 발언을 툭 끊고 치고 나왔다.

"그런데 온실가스는 결국 지구 온도를 높이기 때문에 문제 아닐까요?"

"그렇죠."

"그러면 원전이 엄청난 열에너지를 쏟아 낸다는 점은 어떻게 생각하세요?"

"열에너지요? 그게 무슨 뜻이죠?"

은실이 반문했다.

"원자력 발전은 핵분열에서 발생한 열에너지로 물을 끓여서 전기를 만들어요. 그 과정에서 엄청난 양의 물이 쓰입니다. 또 뜨거워진 원자로를 식히는 냉각수도 많이 필요합니다. 100만 킬로와트급의 원전에는 초당 70톤의 물이 쓰여요. 냉각수로 쓰인 물은 온도가 7도나 올라갑니다. 그 상태로 바다로 흘러가죠. 그래서 이를 따뜻하게 배출된 물이라고 해서 온배수溫排水로 부릅니다. 온실가스는 넘어간다 해도 온배수 문제는 그럴 수 없어요."

슬기가 상대 팀에 일격을 가했고 연달아 기주가 거들었다.

"저희가 온배수를 문제 삼는 건 주변 어장, 갯벌 등에 미치는 피해가 작지 않기 때문입니다. 온배수는 인근 연안의 생태계에 막대한 피해를 줍니다. 어민들이 이 문제를 줄기차게 항의해 왔지만 잘 알려지지 않았어요. 특히 김 양식장 등 해조류 어장에 피해가 큽니다."

반대 팀의 공세가 이어지자 찬성 팀의 준수가 엉덩이를 들썩거렸다. 얼

른 방어에 나서고 싶어 마음이 급했던 모양이다.

"이거 과장이 심한 거 아닌가요? 설령 온배수에 그런 문제가 있더라도, 이를 온실가스와 같은 수준의 문제로 보긴 어렵습니다. 기껏해야 원전 주변 바다에 미치는 악영향 정도일 테니까요."

준수의 의견에 대범과 기주가 힘을 합쳐 공격을 펼쳤다.

"그렇게만 볼 수 없는 게, 전 세계 450개의 원전이 매일 가동하면서 쏟아 내는 온배수를 생각해 보세요. 그 주변 바다의 면적은 결코 작다고 할 수 없어요. 사소한 문제가 아니에요."

"관련해서 또 하나 중요한 문제가 있습니다. 온실가스 문제는 배출 감축도 중요하지만 이미 존재하는 온실가스의 흡수도 중요합니다. 온실가스를 흡수하는 대표 선수가 둘 있습니다. 하나가 삼림, 또 하나가 바다예요. 삼림은 인간이 만든 이산화 탄소의 4분의 1을 흡수합니다. 바다 역시 또 다른 4분의 1을 흡수해요. 근데 해수 온도가 상승하면 이런 기능이 떨어집니다."

대범과 기주의 반격이 매서웠다. 슬기는 두 사람의 반격을 보며 상대 팀이 더는 반론을 펴지 못할 거라고 내심 확신했다. 그런데 상대 팀은 포기하지 않았다. 지영이 나섰다.

"온배수가 지구 온난화에 부정적인 영향을 줄지도 모릅니다. 다만, 그 영향이 얼마나 클지는 의문입니다. 450개의 원전이라고 하면 마치 엄청난 양의 물이 쏟아져 나올 것 같지만, 전 세계의 온실가스량과는 비교 자체가 안 됩니다. 인류는 전기 생산뿐만 아니라 산업 활동 그리고 교통, 운송 등을 통해 막대한 온실가스를 배출해요. 원전은 그중 전기 생산의 일부를 차지할 뿐입니다. 전체 온실가스량과 비교하기에는 무리가 있습니다."

"그건……."

대반전! 방금까지 상대를 밀어붙이던 대범 팀은 말문이 막혔다. 여세를 몰아 순발력과 논리력이 뛰어난 은실이 지영을 대신해 나섰다.

"또, 온실가스 흡수를 방해하는 온배수 문제도 다시 생각할 필요가 있는데요. 아직 그 부분은 충분한 연구가 안 된 걸로 압니다. 즉, 이론적으로 검증된 얘기가 아니라는 거죠."

"관련 연구가 적은 건 맞아요. 하지만 상식적으로 따뜻한 물이 지구 온난화에 부정적일 가능성은 짐작이 되고도 남지요."

"과연 그럴까요? 이건 가설로 제기하는 건데요, 온난화로 빙하가 녹아 바다로 유입되는 걸로 압니다. 그래서 수온이 낮아진다고 해요. 450개의 원전에서 온수를 쏟아 낸다 해도, 빙하 녹은 물이 상쇄해 주지 않을까요? 그러면 바닷물의 온도가 특별히 더 올라가지 않을 듯한데요."

대범은 은실의 말을 듣다 보니 그럴 수 있겠다는 생각이 들었다. 간만에 대범과 기주가 협공을 펼쳤지만, 상대 팀의 방어도 만만치 않았다.

"온배수가 꼭 부정적이지 않다는 사례도 있어요. 최근 여러 원전에서 온배수를 활용해 지역 경제에 도움을 주려는 시도를 하고 있어요. 가령 온배수를 시설 원예 단지, 쉽게 말해 비닐하우스 농업에 활용하는 거예요. 이런 사례를 보면, 온배수가 환경에 나쁘기만 한 건 아니라고 생각하는데요."

지영이 은실에게 힘을 보탰다.

"이왕 발생하는 온배수를 버리지 않고, 유용하게 활용하는 건 좋은 시도죠. 그러나 인근 농민들에게 도움을 준다고 해서 환경에 부정적이라는 사실이 바뀌는 건 아니에요. 인간에게 도움을 주더라도 환경에 나쁜 영향을 준다면 궁극적으로는 나쁜 에너지인 거겠죠."

기주가 지영의 의견에 제동을 걸었다. 기주가 조곤조곤 반론을 폈다.

"아까 어민 피해를 지적하셔서 말씀드린 것입니다."

"알겠습니다. 그 부분은 더 이상 반복하지 말고 다른 쟁점으로 넘어갈까요? 반대 팀, 원전이 환경에 미치는 부정적 영향은 또 뭐가 있나요?"

토론이 끝없이 이어지자 사회자가 즉각 중재에 나섰다.

방사능은 환경에 독일까?

기주가 입을 열었다.

"더 근본적으로 원전은 청정에너지일 수 없습니다. 원자력 발전이 화력 발전보다 온실가스를 덜 배출할지는 모릅니다. 그러나 더 치명적인 방사능 물질을 배출하죠. 사실 온실가스 자체는 환경을 파괴하지 않습니다. 대표적인 온실가스인 이산화 탄소는 식물의 광합성에도 꼭 필요합니다. 광합성이란 식물이 햇빛과 물, 이산화 탄소를 합성해 자라는 과정입니다. 이산화 탄소가 없다면 지금의 지구도 없을 테고, 인간을 포함한 생명도 존재할 수 없겠죠."

"잠깐만요. 그렇다면 이산화 탄소는 왜 문제가 되는 거죠? 지구 환경을 걱정하는 많은 이들이 하나같이 온실가스를 문제 삼고 있지 않나요?"

사회자가 질문을 던지자 기주가 재빨리 답변을 시작했다.

"아까 상대 팀에서도 짧게 지적한 부분인데요, 적절한 온실가스는 지구에 필요하지만 조금만 많아져도 문제가 돼요. 지구가 더워지고 기후가 불안정해지니까요. 당연히 지구 생물들에게도 안 좋죠. 온실가스 문제의 핵심은 정도입니다. 반면에 방사능 물질은 그 자체로 환경에 치명적입니다. 방사능은 세포를 손상시키고, 유전자 변형을 초래합니다. 따라서 애초에 원전이 친환경적이라는 주장은 성립할 수 없습니다."

기주가 설명을 끝내자 지영이 잽싸게 발언에 나섰다. 미리 준비한 내용이 있는 듯했다.

"방사능 물질의 위험성은 인정합니다. 하지만 방사능은 자연에서도 나옵니다. 땅에서 나오는 지각 방사선 등으로 한국인은 연평균 3에서 4밀리시버트의 자연 방사선에 노출됩니다. 우리가 먹는 표고버섯, 과일 등 일부 식품에서도 방사선이 나옵니다. 방사능 물질인 세슘은 낮은 농도이긴 하지만 많은 식품에서 검출됩니다. 과거 이뤄진 핵실험과 체르노빌 원전 사고 등의 결과로 방사능이 광범위하게 퍼진 탓이지요."

"아니, 제가 알기로는 연간 허용량이 1밀리시버트인데, 자연 방사선의 피폭량이 3에서 4밀리시버트나 된다는 게 말이 되나요?"

대범이 곧바로 받아쳤다.

"오해가 있는 것 같은데, 연간 허용량 기준치는 인공 방사선에 대한 것입니다. 자연 방사선에 대한 기준치가 아닙니다. 근데 피폭되는 방사선량은 자연 방사선이 인공 방사선보다 오히려 더 많아요. 피폭 방사선의 비중을 보면, 자연 방사선 74.5퍼센트, 인공 방사선 25.5퍼센트입니다."

지영이 대범의 반론을 방어했고, 은실이 연달아 설명을 보탰다.

"말이 나온 김에 인공 방사선에 대해서도 알아보죠. 병원에서 받는 엑스레이, CT 등의 검사 시에도 방사선에 노출됩니다. 한국인은 의료 검사를 통해 한 해 평균 1.4밀리시버트의 방사선에 노출됩니다."

"자연 상태는 잘 모르겠지만, 의료 검사에서 노출되는 방사능은 10밀리시버트 이하라고 알고 있습니다. 아니, 정확히 10밀리시버트가……."

정확한 수치가 헷갈린 대범의 눈이 자료와 슬기 사이를 빠르게 움직였다. 슬기가 눈치를 힐끔 살피더니 대범 쪽으로 고개를 기울였다. 대범이 귓속말로 수치가 맞는지 물었다. 슬기가 맞다고 얼른 고개를 끄덕이자 대범이 이내 발언을 이어 갔다. 두 사람의 죽이 척척 맞았다.

"10밀리시버트 이하의 방사능과 원전의 방사성 폐기물을 비교하는 것 자체가 말이 안 되죠."

"먼저 의료 검사의 방사능 수치에 대해서 정확히 알려 드리겠습니다. 표에서 보듯 가슴 엑스레이 등은 비교적 적은 방사능에 노출되지만, 가슴 CT 등은 상대적으로 높은 방사능에 노출됨을 알 수 있어요."

검사 종류	피폭량 (밀리시버트)
가슴 엑스레이(정면)	0.02
허리뼈 엑스레이(정면)	1.0
유방 촬영	0.27
머리 CT	2.0
가슴 CT	8.0
복부 CT	10
심장 혈관 조영술	6.61
뇌 SPE-CT	8.45
심장 SPE-CT	20.4

준수가 표를 가리키며 설명했다. 그러자 기주가 바로 반론을 폈다.

"네, 그 부분은 잘 알겠어요. 근데 방사성 폐기물은 최소 수천 밀리시버트 이상의 방사능을 방출합니다. 고농도 방사능에 노출되면 암이나 백혈병 등에 걸려 죽을 수 있고, 당사자가 바로 죽지 않더라도 2대, 3대에 걸쳐 후유증을 남깁니다. 2013년 경상남도가 '원자 폭탄 피해자 지원 조례'에 따라 도내 원폭 피해자 실태를 조사한 적이 있어요. 조사 결과 해방 이후 태어난 피폭 2세의 23.4퍼센트, 2세의 자녀인 피폭 3세의 13.9퍼센트에게서 선천성 기형 또는 유전성 질환이 발견됐습니다. 원자 폭탄이나 원전 사고로 인한 일차적 피해자가 아니라도, 즉 그 당시에 태어나지 않았어도 2에서 3대에 걸쳐서 고통이 대물림되는 거죠. 다시 말하지만, 이런 고농도 방사능 피폭과 의학 검사는 비교 대상이 안 될 듯한데요?"

"오히려 그쪽에서 비교 대상을 잘못 잡은 것 같군요. 방사성 폐기물을 아무 데나 함부로 버리는 것도 아닌데, 고농도 방사능 폐기물과 의학 검사를 단순 비교하면 안 되지요. 원자 폭탄의 방사능도 마찬가지고요. 원폭 피해는 안타까운 일이지만, 원자 폭탄의 비극은 역사상 한 번 있었어요. 1945년 일본의 히로시마와 나가사키에 떨어진 원자 폭탄, 딱 한 번뿐입니다. 이런 예외적인 사례와 의학 검사를 비교하는 게 적절할까요?"

은실이 강한 톤으로 반론을 폈고, 이어서 지영이 추가 설명을 했다.

"저희가 조사한 바로는, 안전하게 관리하는 원전 주변 지역의 방사능 수치는 고작 0.1밀리시버트도 안 된다고 합니다. 원전 사고가 나더라도 마찬가지죠. 일본 후쿠시마 사고 당시 인근에서 확인된 최대 방사선량은 시간당 11밀리시버트였답니다. 복부 CT의 피폭량이 10밀리시버트인 것과 비교해도 그리 높지 않다는 걸 알 수 있어요."

"아무래도 11밀리시버트라는 수치를 믿기 어렵네요. 후쿠시마 원전에서 정확히 얼마나 떨어진 지점에서 측정한 건가요?"

슬기가 의심의 눈초리로 받아치자 지영이 다소 자신 없는 목소리로 대답했다. 표정은 당당해 보였지만, 목소리는 당황한 기색이 역력했다.

"거기까진 미처……. 확인을 못 했네요. 기사 검색을 통해 파악한 내용이라서, 원전 인근 어디에서 측정했는지는 모르겠네요. 그 부분은……, 나중에 다시 확인해 볼게요. 아무튼, 안전을 위한 방사능 기준치라는 게 있고, 그 기준치 밑으로 관리한다면 안전하다고 볼 수 있어요."

기준치가 안전치일까?

지영이 낮게 웅얼거리자 슬기가 쐐기를 박으려는 듯 쏘아붙였다.

"기준치요? 방사능 기준치는 안전 기준치가 아니라 관리 기준치일 뿐입니다. 기준치 이하로 피폭량을 관리해야 한다는 거지, 기준치 이하로 피폭되면 안전하다는 의미가 아닙니다."

지영이 밀리지 않으려고 버텼다.

"그 둘의 차이를 잘 모르겠어요."

"누가 기준치를 만드는지를 보면 기준치가 안전과 관련이 없다는 점을 알 수 있습니다. 기준치는 의사들이 만든 게 아니에요. 관련 기관과 공무원들이 만듭니다. 그래서 나라마다 기준치가 다 달라요. 이렇게 나라마다 다른 걸 안전 기준이라고 할 수 있을까요?"

"관련 기관과 공무원들이 만든다고 했는데, 그렇다고 안전 기준치가 아니라고 말할 수 있나요? 설사 공무원이 만든다 해도, 의사나 의학 전문가들의 도움을 받아서 기준을 설정하겠죠. 안전에 중요한 기준을 만드는데 대충 만들진 않을 듯한데요."

이번엔 은실이 강하게 반론을 폈다.

"과연 그럴까요? 나라마다 다른 게 서로 다른 의학적 근거 때문일까요? 한국은 물 1킬로그램당 세슘 기준치가 100베크렐*입니다. 반면에 미국은 1,200베크렐, 유럽 연합은 500베크렐, 일본은 200베크렐입니다. 이렇게 큰 차이가 의학적 근거 때문일까요? 혹시 세계 보건 기구 WHO 기준치가 얼마인지 아나요?"

슬기에 이어서 기주가 반론에 맞서 곧장 재반론을 이어 갔다.

"모릅니다."

대범은 '오호, 은실도 모르는 게 있군. 은실에 맞설 상대는 기주뿐이구

 * 베크렐(Bq)은 방사능의 양을 나타내는 단위이다. 1베크렐은 하나의 원자핵에서 1초 동안 방출하는 방사선의 양을 말한다. 앞에서 소개한 시버트(Sv)와는 어떻게 다를까? 같은 양의 방사선 에너지도 물질마다 생물학적 손상 정도가 달라진다. 따라서 인체에 미치는 영향을 나타낼 때는 별도로 시버트(Sv)를 쓴다. 즉, 시버트는 인체 피폭량을 뜻한다.

나.' 하고 생각했다. 그러자 '어, 내가 무슨 생각을 하는 거지?'라는 생각이 불현듯 들었다. 대범은 기주를 대견하게 여기는 자신이 낯설었지만, 기주 덕분에 자기 팀이 선전하고 있다는 기쁨을 억누르기 어려웠다. 대범의 마음을 전혀 모르는 기주가 다시 설명을 이어 갔다.

"세계 보건 기구 기준은 10베크렐에 불과합니다. 세계 보건 기구 기준보다 우리가 무려 열 배나 높습니다. 한국인이라고 세슘에 강할 리도 없을 텐데, 왜 이렇게 차이가 큰지 의문입니다. 피폭량 기준치는 더 황당합니다. 일본은 피폭량 기준치를 1인당 1밀리시버트로 했다가 후쿠시마 참사 이후에 20밀리시버트로 올립니다. 무려 스무 배 이상 높인 거죠. 의학적 근거나 기준이 달라져서일까요? 아니요. 올린 기준치인 20밀리시버트 이상 오염된 주민들은 정부 예산으로 피신시켰습니다. 그러나 기준치 이하 주민들에 대해선 아무 조치도 안 취했죠. 피폭량 기준치는 안전 기준치라기보다 정부의 책임 한도를 결정하는 기준치인 겁니다."

"일본 정부가 그렇게 한 건 몰랐던 사실이네요. 근데 그게 정말 사실인가요?"

기주의 공격이 성공했다. 은실이 또 한 번 자신의 미흡함을 인정하고 말았다. 기주가 설명을 이어 갔다.

"여러 책에 나온 내용이에요. 못 믿겠다면 검색해 보세요. 관련해서 하나만 더 얘기할게요. 후쿠시마 사고 이후 일본은 원전 종사자들의 피폭 기준치도 대폭 인상합니다. 100밀리시버트에서 250밀리시버트로 올리죠. 이런 점만 봐도 '기준치 이하라서 안전하다.'는 건 거짓입니다."

　지영이 입술을 질끈 깨물고는 반론에 나섰다. 단단히 마음을 먹은 듯한 표정이었다.
　"고농도 피폭에 따른 피해는 인정합니다. 그러나 장기간에 걸친 저농도 피폭이 건강에 미치는 영향은 미미하지 않나요?"

"단정해서 말할 순 없습니다. 건강에 영향을 미치는 요인이 많고 복잡한 탓에 방사능과 건강 사이의 인과 관계를 명확히 규명하는 것이 어렵기 때문이지요. 하지만 그렇다고 해서 방사능의 안전이 증명되는 건 아닙니다."

"증명되지 않았으니까 위험하다고 말할 수도 없겠죠."

지영이 날카롭게 파고들었다. 기주가 재빨리 반박했다.

"대부분의 의료인이 '피폭량과 암 발생 가능성이 비례한다.'는 점을 인정합니다. 벨라루스는 체르노빌 원전 사고 때 가장 큰 피해를 본 나라입니다. 원전에서 누출된 방사능 물질이 벨라루스로 날아와 비에 섞여 낙진*으로 떨어졌습니다. 국토의 절반 이상이 오염됐지요. 당시 피폭당한 사람들을 수십 년간 추적한 역학 조사 결과가 있어요. 세계 보건 기구는 물론이고 국제 원자력 기구IAEA나 국제 방사선 방호 위원회ICRP 등도 인정한 조사입니다. 조사 결과는 한마디로 '피폭량과 암 발생은 비례한다.'는 거예요. 또 하나, 국제 방사선 방호 위원회가 권고하는 방사선량 기준치는 점점 낮아지고 있습니다. 1950년 150밀리시버트였던 피폭 직업군의 연간 방사선량 기준치는 1990년 20밀리시버트로 바뀌었습니다."

"다시 얘기하지만, 우린 인공 방사선 말고 자연 방사선에도 광범위하게

 * 핵폭발에 의하여 생겨나 주변 땅 위에 떨어지는 방사성 물질이다. 생물이나 생태계를 파괴하고 심각한 오염을 일으켜서 흔히 '죽음의 재'로 불린다.

노출돼 있습니다. 설혹 피폭이 암과 관련 있다고 해도, 이를 전부 원전이나 인공 방사선 탓으로 돌릴 순 없어요."

기주와 지영이 한 치도 물러서지 않고 설전을 벌이는 중에 대범이 끼어들었다.

"의학계에선 시버트를 이렇게 봅니다. 연간 1밀리시버트는, 1만 명 중 한 명이 암으로 사망할 확률의 의미를 갖는다고요. 10밀리시버트라면 천 명 중 한 명이 암으로 사망한다는 얘기지요. 세계 의학계의 방사능 물질 안전 기준치는 0이에요. 근데 실제로 0을 맞추기 힘드니까 각국이 알아서 기준치를 정하는 거예요."

지영 대신 은실이 나섰다. 은실의 얼굴은 비교적 치분한 목소리와 달리 상기된 표정이었다.

"원전의 위험성을 지적하는 이들 중에 그런 식의 주장을 하는 사람도 있어요. 근데 한 가지만 물을게요. 도대체 피폭량이 10밀리시버트면 천 명 중 한 명꼴로 암에 걸릴 수 있다는 주장의 출처가 어떻게 되죠? 정확한 근거가 있는 얘기인지 사뭇 궁금하네요. 출처를 밝혀 줄 수 있나요?"

"그 부분까진 확인을 못 했네요."

대범이 고개를 숙이면서 힘없이 대꾸했다. 기주는 '아이쿠, 큰일이다.' 하면서 곧장 자료를 뒤지기 시작했다. 안타깝게도 관련된 자료를 얼른 찾을 수 없었다.

"알겠어요. 혹시 항암 치료에 방사선을 사용한다는 걸 알고 있나요?"

"알고 있어요."

"그때 환자가 노출되는 방사선량이 어떻게 되는지도 아나요?"

"거기까진 잘……."

"무려 3천 밀리시버트 이상입니다. 제시하신 대로 계산하면 방사선 치료를 받는 암 환자 세 명 중 한 명은 치료 탓에 또 다른 암에 걸릴 수 있다는 얘기가 됩니다. 과연 그런가요?"

"……."

대범이 거듭된 은실의 반격에 주저앉고 말았다.

"저기, 잠시만요."

부리나케 자료를 뒤적이던 기주가 황급히 손을 들었다.

"아, 죄송합니다. 아까 답변 못 드린 부분에 대해 답할게요. 미국 국립 과학 아카데미에서 펴낸 보고서에 나오는 내용입니다. 미국 국립 과학 아카데미는 과학과 공학 분야의 저명한 학자들로 구성된 권위 있는 기관이에요."

출처를 제시하며 간신히 방어하긴 했지만, 바로 앞 상황에서 은실이 허점을 파고드는 바람에 대범 팀 모두가 당황하고 말았다. 은실의 공격은 상대를 찌르는 한 자루 비수 같았다. 대범 팀이 걸친 갑옷은 은실이 휘두른 칼에 가볍게 뚫렸다.

"좋습니다. 근거 없는 얘기는 아니군요. 그렇다면 저희는 정반대의 사례를 제시해 보겠습니다. 브라질에 가리바리 지역, 이란의 람사르 지역, 인도의 케랄라 지역 등은 연간 10밀리시버트의 자연 방사선이 측정됩니다. 근데 이들 지역에 사는 이들은 건강에 별다른 이상이 없습니다."

기주가 다시 반론에 나섰다. 급하게 자료를 찾는 과정에서 기주가 방어 논리를 생각해 낸 모양이었다.

"앞서 방사선 치료의 높은 방사선 수치를 말씀하셨는데요. 3천 밀리시버트에 달하는 방사선 치료는 어느 정도 부작용이 예상되는 건 사실입니다. 다만, 이때 방사선은 온몸에 쪼이는 게 아니라 암세포에만 쪼입니다. 한 치의 오차도 없이 정확하게 암세포에만 방사선을 쪼이지요. 따라서 방사선 치료 때 노출되는 최소 3천 밀리시버트에서 최대 7만 밀리시버트에 이르는 방사능은 전신 피폭량이 아닙니다. 실제로 신체 전체가 이 정도의 방사능에 노출되면 절반 정도가 죽습니다."

은실이 재빨리 기주의 반론을 받아쳤다.

"어쨌든, 방사선 치료로 많은 방사능에 노출되는 위험이 있을 수 있지만, 환자들은 이를 감수합니다. 부작용의 위험성이 있지만, 암을 치료하는 게 더 급선무이기 때문입니다. 저는 원전도 마찬가지라고 생각합니다. 안전하게 관리하는 원전도 위험의 가능성을 안고 있어요. 그럼에도 불구하고 싸고 친환경적인 에너지이기 때문에 꼭 필요한 거죠."

"싸고 친환경적이라는 점에 동의하기 어렵습니다. 그 이유는 더 설명 안 할게요. 다만 원자력 발전이 방사선 치료와 같은 필요악인지는 따져 보아야 합니다. 방사선 치료는 암세포를 제거하기 위한 불가피한 선택이지만, 원전은 그것을 대체할 에너지원이 분명히 있어요. 불가피한 선택이 아닙니다. 더 싸고, 더 안전한 에너지는 분명히 있어요."

기주와 은실이 팽팽하게 맞섰다. 역시나 양 팀의 에이스다웠다.

피폭이 원전만의 문제일까?

다시 반격에 나선 건 은실이었다.

"미국에서 진행한 연구에 따르면, 원전으로 인한 피폭은 미미합니다. 인공 방사선의 피폭 원인은 검사용 X선 58퍼센트, 방사선 치료 21퍼센트, 소비자 제품 16퍼센트, 직업상 노출 2퍼센트, 낙진 2퍼센트 등으로 구성됩니다. 이 중에서 원전 관련 원인은 직업상 노출, 낙진 등이 해당될 겁니다. 그런데 직업상 노출에는 원전 종사자 말고도 비파괴 검사* 종사자, 병원 방사선실 의료 기사 등이 있기 때문에 모두 원전이 원인인 것도 아닙니다. 이처럼 피폭 문제는 원전보다 다른 원인 때문에 더 심각하게 발생하는 게 현실입니다."

"다른 원인에 의한 피폭의 심각성도 중요한 문제일 겁니다. 그 사실을 부정하진 않습니다. 다만, 제일 위험한 피폭은 원전과 그 주변 지역 아닐까요? 2010년 11월에 경주의 월성 원전 민간 환경 감시 기구가 조사한 내용입니다. 원전 주변 주민들의 소변을 채취하여 삼중 수소를 측정했습니다. 삼중 수소는 원전에서 나오는 물질 가운데 하나입니다."

* 비파괴 검사란 수도 파이프, 선박 등의 금속성 재료의 균열 여부를 확인하는 검사이다. 눈에 보이지 않는 부분을 방사능을 이용해 간접적으로 확인하는 검사 방법이다.

기주가 새로운 사례를 제시했다. 기주는 설명 중에 대범에게 눈짓을 보냈다. 그러자 대범이 준비한 자료를 꺼내 들며 설명을 이어 갔다.

"경주 월성 원전 주변에 있는 나아리와 읍천리, 그리고 약 25킬로미터 떨어진 경주 시내에 사는 각 다섯 명의 체내 삼중 수소 농도 비교표입니다. 원전에서 가장 가까운 나아리와 그다음으로 가까운 읍천리의 주민에게서 시내에 사는 사람들보다 수십 배 많은 삼중 수소가 검출됐습니다. 또, 삼중 수소 농도와 원전과의 거리가 반비례 관계에 있다는 것도 알 수 있어요. 이를 통해 원전에 가까이 살수록 체내 삼중 수소의 양이 증가한다는 사실이 분명히 확인됩니다."

기주의 설명을 들으면서 고개를 가로젓던 지영이 기다렸다는 듯이 반론을 제기했다.

"저희도 그 내용을 확인했습니다. 우선 표본이 너무 적다는 점을 지적할게요. 해당 조사는 겨우 열다섯 명을 대상으로 했는데, 조사 대상이 못해도 수백 명은 돼야 하지 않을까요? 2015년에 더 광범위한 조사가 이뤄졌습니다. 월성 원전 주변 주민 250명, 울진 원전 주변 주민 125명, 경주 시내 주민 125명 등 총 500명을 조사했어요. 조사 결과는 월성 원전 주변 주민의 삼중 수소 농도가 1리터당 5.50베크렐로 울진 원전의 4.29베크렐이나 경주 시내 주민의 3.21베크렐보다 약간 높은 수치였어요. 이를 인체 피폭량 단위인 밀리시버트로 환산하면 연간 방사선량 기준치인 1밀리시버트의 0.006퍼센트에 불과합니다. 제시한 2011년 조사도 베크렐 단위로 표기하면 큰 차이가 나는 것 같지만, 인체에 미치는 영향으로 바꾸면 아주 미미해요. 100년 정도 노출돼도 엑스레이 한 번 찍는 수준이니까요."

"……."

침묵이 흘렀다. 반대 팀은 입술을 꾹 다물고 있었다. 잠시 뒤 기주가 입을 열었다.

"저희가 2015년 조사는 미처 확인을 못 했네요."

"확인해 보면, 제 얘기가 맞다는 걸 알게 될 겁니다. 삼중 수소가 원전 주변에서 더 검출되는 건 분명하지만, 인체에 미치는 영향은 적지요. 베크렐처럼 아주 작은 단위로는 제대로 된 비교가 어렵습니다. 저희가 조사한 바로는, 보통 성인 한 명의 몸에서 5천 베크렐의 방사능이 방출된다고 해요. 그렇다고 인간을 걸어 다니는 방사능 제조기라고 하진 않죠. '5천 베크렐' 하면 대단히 커 보이지만, 사실은 매우 미미한 양에 불과합니다."

은실이 쐐기를 박았다. 바로 기주가 질문을 던졌다.

"잠시만요. 5천 베크렐이 작아 보이진 않는데요?"

"몸무게가 50킬로그램인 사람의 체중을 0.05톤이라고 하거나 5천만 밀리그램*이라고 하거나 모두 같지요. 하지만 5천만 밀리그램이라고 하면 굉장히 커 보이죠. 이건 단위의 마술, 즉 단위를 가지고 장난치는 겁니다. 원전 내에는 굉장히 치명적인 방사성 물질들이 있지만, 외부에 노출되지 않는 이상 큰 문제가 되지 않지요. 가령 폐연료봉은 원전 내부의 저장 수조 안에서 안전하게 관리되고 있습니다. 자연환경에 노출되면 치명적이지만, 노출을 안 시키면 문제가 없어요."

오랜만에 준수가 입을 열었다.

"방금 말씀하신 내용은 노출을 안 시킨다는 전제에서나 그렇죠. 저희는 그 전제에 동의하지 않습니다. 인간이 하는 일이 완벽할 수 없듯이 방사능 물질 관리도 완벽하기 어려워요."

곧장 반격에 나선 건 슬기였다.

"과연 그럴까요? 원전 주변의 방사선량은 연간 0.05밀리시버트로 관리합니다. 실제로 원전 주변의 방사선량은 이보다 더 적은 0.01밀리시버트 미만이지요. 앞서 연간 방사능 기준치가 1밀리시버트라고 했죠?"

 * 1그램은 천 밀리그램이다.

지영이 상대 팀에게 다짐을 받듯 물었고, 상대 팀의 대답이 없자 이내 설명을 이어 갔다.

"1밀리시버트와 비교하면, 원전 주변 지역의 방사선량이 얼마나 적은지 알 수 있습니다. 안전하게 관리하면, 즉 방사성 물질이 노출되지 않으면, 원전은 충분히 안전하고 친환경적일 수 있습니다. 비록 '완벽하다.'고 말하긴 어렵겠지만, 최대한 안전하게 관리한다면 3, 40년의 원전 가동 기간에 별다른 문제없이 유지할 수 있어요."

"노출을 안 시키면 된다고 했는데, 이를 뒤집는 사례를 들어 보죠. 몇 년 전에 한 인터넷 매체에서 '죽음의 재'로 불리는 폐연료봉 1,699개가 여러 원전에서 대전의 한국 원자력 연구원으로 옮겨진 사실을 폭로했습니다. 폐연료봉은 인체와 환경에 치명적인 방사선을 내뿜는 폐기물입니다. 이런 위험한 폐기물을 검증 시험도 안 거친 용기에 담아, 과적 제한에 걸리는 다리를 통과해 위험천만하게 운반한 거예요. 그것도 비밀리에 30년 동안이나 말이죠. 만약 운반 중에 교통사고라도 났다면 어떻게 됐을까요? 생각만 해도 아찔합니다. 이게 폐연료봉 관리의 현실입니다. 그런데도 '노출을 안 시키면'이라고 함부로 말할 수 있을까요?"

"그건 예외적인 사례겠죠. 특수한 사례로 뭘 주장하려는 겁니까?"

"예외라고 함부로 단정해선 안 됩니다. 보도된 사실이 그뿐이니까요. 알려지지 않은 다른 사례가 있을지 모릅니다. 완벽한 관리가 어렵단 사실을 인정한다면 그토록 위험한 원전을 고집해선 안 됩니다. 위험한 발전發電 방식 말고 더 안전하고 친환경적인 방식을 찾자, 이겁니다."

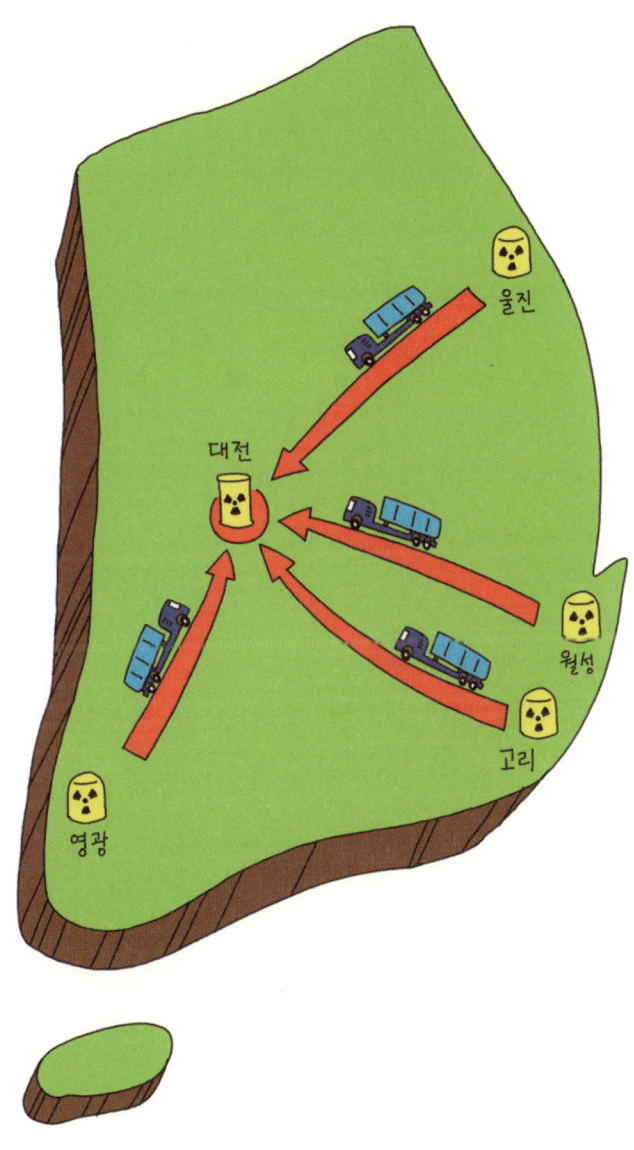

지영과 슬기 사이의 공방이 다시금 뜨겁게 달아올랐다. 그때 사회자가 끼어들었다.

"여러분, 잠시만요. 자연스레 논의가 새로운 에너지로 옮겨 가게 됐군요. 이 부분은 다음 시간에 이어서 토론하는 게 좋겠네요. 다음 토론회 주제까지 나온 걸 보면, 오늘은 이쯤에서 마무리해도 되겠죠? 다음 시간에도 오늘처럼 열띤 토론 기대하겠습니다."

사회자가 토론 종료를 선언하면서 세 번째 토론회가 마무리됐다.

토론 준비차 모인 자리에서 선생님과 슬기가 마침 자리에 없었다. 선생님은 간식을 사러 나갔고, 슬기는 학원 때문에 먼저 자리를 떴다. 기주는 이때다 싶어 대범에게 말을 건넸다.

"대범아, 너 혹시 나 때문에 기분 상한 일 있었니?"

"갑자기……. 왜 그런 말을……."

"예전엔 축구도 같이 했는데, 요샌 통 축구하러 나오지도 않고. 그땐 그러려니 했는데, 토론 준비하면서 왠지 거리감이 느껴지는 것 같아서."

"……."

기주가 갑자기 껄끄러운 문제를 꺼내 들자 대범은 대꾸할 말을 찾지 못했다. 할 말이 없는 건 아니었지만, 하고 싶지도 않았고 할 수도 없었다. 대범은 그저 그 자리가 거북스럽게 느껴졌다. 얼른 이 어색한 상황에서 벗어나고 싶을 뿐이었다. 기주가 다시 이야기를 시작했다.

"뭔지는 잘 몰라도 오해가 있다면 풀었으면 좋겠어. 네 마음은 잘 모르겠지만, 분명한 건 난 네게 아무 불만도, 감정도 없다는 거야."

"아니……, 난……."

대범이 엉겁결에 '아니'라고 운을 뗐지만 여전히 입이 안 떨어졌다.

"내가 무슨 잘못을 했니? 솔직히 말해 줄래?"

"난……, 저기 나쁜 감정까진 없었어. 네가 특별히 잘못한 것 없고. 다만 너랑 친하질 않아서 좀 서먹했나 봐."

대범은 속마음을 차마 있는 그대로 털어놓을 수 없었다. 하고 싶은 말이 없는 건 아니었지만, 나오려는 말을 억지로 삼켰다.

"그랬구나. 난 너랑 슬기랑 잘 지내고 싶어. 우린 같은 팀이니까."

기주는 지난번에 슬기가 한 말을 똑같이 따라 했다. 왠지 같은 팀이라는 말이 하고 싶었다.

"같, 은, 팀?"

"그래, 우리 한 팀이잖아."

지금까지 대범이 떠올리지 못한 단어, 한 팀. 기주가 그렇게 말해 주니까, 대범은 갑자기 미안한 마음이 들었다. 지난 일들이 주마등처럼 스쳐 지나가면서 모든 게 기주 탓은 아니라는 생각이 불현듯 들었다. 엉겁결에 모두 기주 탓처럼 여겨졌고, 그래서 기주가 미워져서 멀리하긴 했지만, 사실 기주의 잘못은 없었다. 대범도 그 사실을 알고 있었지만, 누군가를 탓하고 싶었고 공교롭게도 그 사람이 기주가 됐을 뿐이다.

"기주야……."

별안간 무슨 용기가 났는지

대범이 입을 뗐다.

"어?"

"너, 토론 잘하더라."

"내가 뭘……. 같이 잘하는 게 중요하지. 전에 선생님도 강조하셨잖아."

대범도 선생님의 말씀을 떠올렸다.

"팀플레이! 대범아, 우리 팀이 상대 팀에게 공격을 받고 있으면 팀원들이 힘을 합쳐 도와줘야 해. 자기만 잘하려고 해선 절대로 안 돼. 집단 토론은 무엇보다 협력이 중요하단다."

모의 토론에서 대범이 수세에 몰린 기주를 거들어 주지 않자, 선생님이 대범에게 한 얘기였다. 당황한 기주가 제대로 대응하지 못하는 상황에서 대범은 자기가 자료 조사한 내용을 들어 적극적으로 도와주지 않았던 것이다. 대범은 선생님의 지적에 멋쩍게 뒷머리를 긁적거렸다.

"그래, 앞으로 우리 잘해 보자."

대범이 다시 용기를 내서 입을 열었다. 둘은 마주 보며 픽 웃었다.

집으로 가는 길에 시원한 바람이 불어왔다. 기분 좋은 바람이었다.

'어, 이 냄새는?' 하며 대범이 주위를 두리번거렸다. 어떤 향기가 코끝을 간질였다. 바람결에 실려 온 라일락 향기였다. 은은한 라일락 향기는 아늑한 온기를 머금고 있었다. 지친 이들의 귀갓길을 위로라도 하듯이. 바람도 좋고, 꽃향기도 좋은 그런 밤이었다.

함께 정리해 보기
원전과 환경에 대한 쟁점

원전을 찬성한다 | **논쟁이 되는 문제** | **원전을 반대한다**

원전을 찬성한다	논쟁이 되는 문제	원전을 반대한다
원전은 온실가스를 배출하지 않는다.	원자력은 온실가스를 배출할까?	원전도 온실가스를 배출한다.
방사능은 자연 상태에서도 존재하고, 의료 검사에서도 필수적이다.	방사능은 환경에 독일까?	방사능은 환경에 치명적이다.
기준치 이하라면 괜찮다.	방사능 기준치로 충분할까?	기준치는 안전치가 아니다.
최근 조사에서는 문제가 없었다.	원전 주변 피폭 괜찮을까?	과거 조사에서는 문제가 있었다.

원전이 친환경적인지를 두고 양 팀의 팽팽한 격돌이 이어졌어. 토론 내용을 정리해 보면서 양 팀의 주장이 합당한지 생각해 봐.

4

원전은 최선의 대안일까?

원전에 관한 여러 문제점이 사실로 드러난다 해도, 원전을 완전히 폐쇄하는 건 또 다른 문제야. 여기에는 두 가지 쟁점이 있어. 첫째는 원전을 대체할 대안이 있냐는 거고, 둘째는 대안이 있더라도 비용을 감당할 수 있냐는 거야. 원자력 발전을 대체할 대안으로 신·재생 에너지가 주목받고 있어. 신·재생 에너지는 태양처럼 고갈되지도 않고 환경에도 무해한 에너지를 뜻하지. 신·재생 에너지는 지구 온난화와 자원 고갈이 심각해지면서 화력 발전을 대체할 에너지원으로서 일찍부터 주목받기 시작했어. 꼭 원전 문제가 아니더라도 갈수록 심각해지는 지구 온난화 문제 탓에 신·재생 에너지의 중요성은 더욱 중요해질 전망이야.

원전 찬성 팀

원전을 당장 신·재생 에너지로 전환하는 것은 시기상조야. 신·재생 에너지로 전환하려면 막대한 돈이 드는데, 현재 상황에서는 감당하기 어려워. 일부에서 독일 등의 사례를 들며 신·재생 에너지 전환이 당장 가능할 것처럼 주장하지만, 독일과 한국은 사정이 전혀 다르지. 신·재생 에너지를 확대하더라도 원전을 완전히 대체하기에는 무리가 있어. 신·재생 에너지의 대표 격인 태양광 발전은 24시간, 365일 전기를 생산하지 못하거든. 태양이 늘 떠 있는 게 아니잖아. 따라서 신·재생 에너지가 일반화될 시대에도 신·재생 에너지만으로 국가 전체의 에너지를 충당하기는 어려워.

원전을 대체할 신·재생 에너지 기술은 이미 충분히 발전한 상태야. 일본의 후쿠시마 원전 사고 이후로 독일을 비롯한 여러 나라가 원전을 줄이고 신·재생 에너지를 확대하고 있어. 독일과 한국은 경제 상황이 다르긴 하지만, 비슷한 측면도 많아. 둘 다 수출 중심의 제조업 경제라는 점이 대표적이지. 즉 전력 수요가 많을 수밖에 없다는 거야. 독일은 우리보다 일조량이 적은데도 불구하고 태양광 발전을 대폭 늘리고 있어. 독일처럼 나쁜 조건에서도 가능하다면 일조량이 좋은 우리나라가 못 할 것도 없지. 물론 태양광 발전만으로는 원전을 대체하기 어려울 수 있어. 그래서 신·재생 에너지 확대는 에너지 절약과 함께 진행해야 해.

에너지 정책을 바꾸려면 돈이 든다

 학교로 향하는 기주의 발걸음엔 힘이 넘쳤다. 두 번째 토론부터 부족한 부분을 철저히 준비한 덕분에 크게 밀리지 않는 분위기였다. 크게 우세하다고 말하긴 어렵겠지만, 그렇다고 열세라고 보기도 어려웠다.
 "기주야, 안녕."
 "어, 왔어?"
 슬기와 기주가 반갑게 인사를 나눴다.
 "참, 너희 태양광 발전소 다녀왔지? 어땠어?"

"대단하던걸. 물 위에 지어진 태양광 발전소가 정말 신기해 보였어."

기주와 대범은 주말에 선생님과 함께 경북 상주에 다녀왔다. 우리나라에서 가장 큰 수상 태양광 발전소를 견학하기 위해서였다. 직접 보고 경험하는 것은 책이나 인터넷으로 접하는 것과는 또 달랐다. 거대한 태양광 발전소를, 그것도 물 위에 설치된 태양광 발전소를 두 눈으로 직접 확인하니까, 원전을 대체할 새로운 에너지원에 대한 확신이 뚜렷해졌다.

"슬기 네가 없어서 좀 심심했어."

기주가 아쉬운 눈빛으로 말했다.

슬기는 중요한 가족 모임 때문에 빠져야 했다. 무척 아쉬웠지만, 할머니 생신이라 어쩔 수 없었다. 슬기가 '대범이랑 어색하진 않았을까?' 하고 생각할 즈음, 대범이 교실로 들어왔다.

"얘들아, 안녕."

대범이 반갑게 인사를 건넸다. 슬기와 기주도 반갑게 인사를 나눴다. 대범이 기주에게 스스럼없이 대하는 모습에 슬기는 순간 놀랐지만, 이내 상황을 눈치챘다. 슬기는 '기주가 잘 말해 보겠다고 하더니, 얘기가 잘 됐나 보네.' 생각했다. 슬기가 활기차게 입을 열었다.

"얘들아, 오늘 컨디션 어때? 다들 좋아 보이는 것 같긴 하네."

"난 좋아."

"나도 좋은데."

저번 토론회의 선전 덕분인지 다들 몸과 마음이 가벼웠다. 대범은 좋아하는 담임 선생님과 주말 내내 함께 있어서 기분이 더 좋은 듯했다.

"우리 오늘 제대로 한번 해 보자. 저번처럼만 하면 될 것 같아."

시작 전부터 분위기가 뜨겁게 달아올랐다. 팀원들 사이에 열의가 불타올랐다. 다들 오늘 토론을 기대하는 분위기였다. 사회자가 빠른 눈길로 참가자들을 한 번 흘낏 보고는 첫 말문을 열었다.

"자, 모두 자리에 앉으세요. 토론회가 벌써 중반을 넘어섰네요. 지금까지 최선을 다해 온 것처럼 오늘도 잘할 수 있겠죠?"

모두 "네." 하고 한목소리로 대답했다. 사회자가 반대 팀에게 첫 발언 기회를 주자 슬기가 당차게 입을 열었다. 기운찬 목소리 때문인지 슬기가 유난히 다부져 보였다.

"지금까지 토론으로 원전은 안전, 경제, 환경 등의 측면에서 문제가 있다는 점을 지적했습니다. 따라서 저희는 원전을 단계적으로 줄여 가면서 다른 에너지원을 확보해야 한다고 생각합니다. 전 세계적으로 신·재생 에너지 바람이 불고 있습니다. 신·재생 에너지는 태양, 물, 바람 등을 활용한, 고갈되지 않는 에너지죠. 우리도 신·재생 에너지의 비중을 더 늘리고 원전, 화력 발전소를 줄여야 합니다. 그것이 안전과 환경을 위한 바른길입니다."

슬기의 '공식 맞수' 지영이 나섰다. 토론을 거듭하면서 슬기와 지영은 부딪치는 경우가 많아졌다. 처음엔 의도하지 않았지만, 팽팽한 말씨름이 몇

번 이어진 뒤로는 의식적으로 서로 경계하기 시작했다. 그러자 아이들 사이에서는 언제부턴가 두 사람을 공식 맞수로 인정하는 분위기였다.

"신·재생 에너지, 좋습니다. 근데 신·재생 에너지 관련 시설을 지으려면 당장 큰돈이 듭니다. 이미 있는 원전을 활용해도 전기 공급에 별문제가 없는데, 굳이 큰돈을 들여서 신·재생 에너지를 늘려야 할까요? 만약 늘린다 해도, 비싸진 전기 요금은 어떻게 감당할 건가요? 국가가 전부 보조해 줄 수도 없는 노릇이고, 결국 부담은 기업과 가정에 돌아갑니다. 탈원전 정책 이후 2010년부터 2015년까지 독일과 일본의 전기 요금은 각각 가정용은 21퍼센트와 19퍼센트, 산업용은 25퍼센트와 29퍼센트씩 올랐어요. 안 그래도 경제가 어려운데, 더 어렵게 하겠다는 건가요?"

"물론 당장 큰돈이 들 수도 있습니다. 또, 전력 소비자에게 돌아갈 부담도 인정해요. 다만 당장의 비용이 부담스러워서 신·재생 에너지 전환을 미룬다면, 장기적으로는 더 큰 비용을 치르게 될 겁니다. 단기적인 부담이 있겠지만, 장기적인 이익이 더 큽니다."

"장기적으로 이익이라고 해도 당장은 부담인 게 사실입니다. 가정용 전기가 직접적인 문제지만, 산업용 전기도 문제이긴 마찬가지예요. 전기 요금이 올라서 제품 가격에 반영되면 물가도 오릅니다. 전기 요금이 큰 폭으로 오른다면 좋아할 사람이 어디 있나요? 게다가 좋고 싫음의 문제보다 더 심각한 문제가 있습니다. 저소득층에게는 전기 요금 인상이 매우 큰 타격일 수 있습니다. 겨울에 전기장판으로 버티는 저소득층에겐 치명적이죠."

　슬기와 지영이 티격태격 설전을 계속했다. 슬기는 분위기를 반전하려고 새로운 사례를 제시하며 발언을 시작했다.
　"좋습니다. 좀 다른 사례를 제시해 볼게요. 혹시 2016년에 발생한 조류 독감 알고 계시나요?"
　"네? 조류 독감이요? 알고 있죠. 그런데요?"
　지영이 여전히 공격적인 태도로 반문했다.
　"2016년 조류 독감으로 닭과 오리 3,310만 마리를 땅에 묻었죠. 2014년에는 1,938만 마리, 2008년에는 1,010만 마리였습니다. 매번 수조 원의 피해를 보았어요. 엄청난 희생이 반복되는 이유가 뭘까요? 공장식 축산

탓입니다. 공장식 축산은 공장에서 찍어 내듯 가축을 생산하는, 고도의 밀집·밀폐 사육 방식이에요. 비좁은 곳에 빽빽하게 가축들을 가두고 기르다 보니 전염병에 취약할 수밖에 없지요."

"잠깐만요. 그 문제가 원전과 무슨 상관이 있나요? 주제와 상관없는 얘기는 삼가 주세요."

지영은 여전히 까칠했다. 누가 봐도 빈정대는 말투였다.

"조류 독감 얘기를 꺼낸 이유는 근본적 해결책 때문입니다. 공장식 축산이 전염병 확산의 근본적 배경이라면, 그 문제를 해결하는 데 노력해야 합니다. 하지만 정부와 축산 농가는 공장식 축산을 바꾸려고 하지 않습니다. 당장 많은 돈이 들기 때문이죠. 그 결과로 조류 독감 때문에 수년에 한 번씩 수조 원의 피해를 보고 있어요. 근본적 해결책은 단기적으로 부담이 되더라도 장기적으로는 이익이 됩니다. 원전도 마찬가지라고 생각해요."

슬기는 부모님의 영향으로 환경 문제에 관심이 많았다. 슬기 부모님은 생활 속에서 환경을 지키는 실천을 해 왔다. 베란다에 태양광 패널을 직접 설치하고, 쓰레기 분리배출도 철저히 지켰다. 무엇보다 불필요한 소비를 줄이고 물건을 아껴 썼다. 슬기는 그런 부모님 밑에서 환경의 소중함을 배우며 자랐다. 덕분에 슬기는 친구들 사이에서 환경 박사로 통했다.

"……."

지영은 공장식 축산에 대해서 잘 모르다 보니 말문이 막혀 버렸다. 그때 준수가 잽싸게 화제를 바꿨다.

"경제적으로 유리한지 불리한지는 더 따져 봐야겠지만, 간단한 문제가 아니라서 넘어갈게요. 다만, 저소득층 문제는 여전히 해결이 안 될 듯한데요. 이거, 가난하다고 전기도 제대로 못 쓰면 되나요?"

"저소득층에 관해선 전기 요금을 할인해 주거나 보조금을 주면 됩니다. 우리도 세계적인 흐름을 따라 신·재생 에너지 확대에 적극 나서야 합니다."

대범이 준수의 발언에 맞섰다. 하지만 준수는 반론을 이어 갔다.

"설사 신·재생 에너지처럼 다른 대안이 있다고 해도 당장 한국의 현실에 적용하긴 어렵지 않을까요? 자원 빈국으로서 에너지원의 대부분을 수입에 의존해야만 하는 처지에선 말입니다."

"그런 우려가 있는 것도 사실입니다. 하지만 그렇기 때문에 더더욱 신·재생 에너지를 확대해야 합니다. 자원 빈국이기 때문에 원자력에 의존하다가 일본처럼 원전 사고라도 터지면 어떻게 할 건가요? 일본은 원전 사고 이후 원전 운영을 전면 중단했습니다. 그 결과를 아나요?"

이번에는 기주가 나섰다.

"그건……, 잘 모르겠네요."

준수가 다소 힘없이 대답했다.

"결국 원전의 부족분을 메우기 위해서 LNG와 석탄의 수입을 늘렸습니다. 일본을 교훈 삼아, '자원 빈국이기 때문에 원전밖에 없다.'가 아니라 '자원 빈국이기 때문에 원전은 안 된다.'라고 생각을 바꿔야 합니다. 자원 부족은 원전 확대가 아니라 원전 축소의 근거입니다. 동시에 노후 원전을 즉각 폐쇄하고 다른 원전들도 차차 폐쇄해야 합니다. 그것이 경제적으로 더 이익입니다."

당장 원전을 줄일 수 있을까?

"지금 당장 원전을 줄이겠다는 건 위험한 생각입니다. 일본 사례를 언급하셨는데요. 만약 자원 수입이 원활하지 않을 땐 어떻게 할 건가요? 혹시 블랙아웃에 대해서 들어 보셨나요?"

지금까지 잠자코 있던 은실이 말문을 열었다.

"전력 소비가 공급을 초과해서 생기는 대규모 정전 사태 아닌가요?"

대범의 목소리에 힘이 들어갔다. 대범이 예상한 내용이었다. 상대 팀이 원전 축소나 폐쇄로 인한 전력난을 문제 삼을 가능성이 높다고 예상했고, 그에 따라 찾아본 내용 중에 블랙아웃에 대한 내용이 있었던 것이다. 은실이 발언을 이어 갔다.

"맞아요. 원전을 당장 폐쇄하게 되면 블랙아웃이 발생할 수도 있습니다. 칠흑 같은 어둠 속에서 펼쳐질 혼란과 무질서가 짐작되나요? 무법천지가 된 도시는 범죄가 들끓을 테고, 전력 공급이 끊긴 병원 등은 아수라장이 될 것입니다."

대범은 또 한 번 목소리에 힘을 주어 발표했다.

"이웃 나라 일본은 어떨까요? 2010년 원전 비중이 28.6퍼센트에 달했던 일본은 후쿠시마 참사 이후 원전 가동률을 1퍼센트 이하로 유지하다 최근에는 6퍼센트 수준을 보이고 있죠. 원전 비중을 대폭 줄였지만, 블랙아웃은 일어나지 않았습니다. 국민 생활에 큰 문제도 없었어요. 물론 국가 경제엔 일정한 부담을 주긴 했습니다. 이미 지적했듯 자원 수입이 늘어난 탓이죠. 그렇다고 일본이 자원 수입에만 의존한 건 아닙니다. 원전 사고 이후 일본은 신·재생 에너지 확대 정책을 추진하고 있습니다. 저희는 지금 당장 모든 원전의 가동을 멈추자는 게 아닙니다. 원전을 점진적으로 줄이자는 거예요."

"좋습니다. 더 근본적인 해결책을 찾자는 데 동의해요. 그러나 그게 말처럼 쉽나요? 우리나라는 에너지 자원 빈국이에요. 에너지 자원 수입 의존도가 무려 97퍼센트에 달한다고요. 우리처럼 자원 빈국이면서도 원자력 없이 에너지 독립을 이룬 사례가 전 세계에 있나요? 없지 않나요?"

준수가 기다렸다는 듯이 자신 있게 물었다.

"한국과 비슷한 사례로 독일이 있습니다. 독일은 에너지원의 대부분을 수입에 의존하는 나라였어요. 이런 독일이 원전 폐쇄를 선언하고 단계적으로 원전을 폐쇄하고 있어요. 2022년까지 모든 원전을 폐쇄할 계획이에요. 2017년 6월 문재인 정부도 노후한 고리 1호기의 폐쇄를 결정하고, 이미 건설 중인 원전을 제외하고 신규 원전을 더 이상 짓지 않기로 했습니다."

대범이 대답을 마치자마자 기주도 한마디 거들었다.

"조금 더 보충할게요. 독일은 후쿠시마 사고 이후에 가장 먼저 원자력

발전에 의존하지 않는 '2022년 원전 제로' 정책을 선언했어요. 2011년 바로 노후 원전 8기의 가동을 멈추고 나머지 9기는 신·재생 에너지를 확대하면서 점차 줄이겠다는 계획이었죠. 계획대로라면 2022년까지 모든 원전이 폐쇄됩니다. 독일 말고도 스위스, 벨기에, 이탈리아 등이 원전 폐쇄를 선언했어요."

대범과 기주의 공격에 제동을 건 사람은 지영이었다.

"독일과 한국은 상황이 달라요. 독일은 선진국 아닌가요? 우리는 선진국이라 하기 어려워요. 가령, 2019년 기준으로 독일은 1인당 GDP가 4만 6천 달러가 넘습니다. 반면에 우리는 3만 1천 달러에 불과하고요. 우린 독일처럼 경제적 여력이 충분치 않습니다. 경제 규모나 여력이 다르기 때문에 단순 비교는 적절하지 않을 것 같은데요."

기주가 반론을 제기했다.

"독일과 한국의 경제 규모나 수준이 다르다는 점은 동의합니다. 그러나 독일과 한국은 비슷한 측면도 많습니다. 자원 빈국이라는 점도 그렇고요, 수출 중심의 경제라는 점도 그렇죠. 게다가 보유한 원전 개수도 비슷해요. 독일은 가동을 멈춘 원전을 포함해 28기가, 한국은 24기가 있어요. 독일과 똑같은 수준과 속도로 신·재생 에너지를 확대하자는 말이 아닙니다. 최소한 우리 경제 수준에 걸맞게 신·재생 에너지 전환을 꾀하자는 겁니다."

은실이 곧장 반격을 개시했다. 은실의 발언엔 거침이 없었다.

"탈원전을 추진하면서 독일은 부족한 전력분을 이웃 나라인 프랑스, 체코 등에서 수입할 수 있었습니다. 그래서 원전 제로 정책이 가능했어요. 반면에 한국은 이웃 나라에서 전력 수입이 불가능한 상황입니다. 한국은 삼면이 바다로 둘러싸여 있고, 북한은 자국의 전력난도 버거운 상황이에요. 바다 건너 일본에서 전기를 끌어오기도, 북한을 통과해서 중국에서 전기를 수입하는 것도 어려워 보입니다. 이 부분도 독일과 한국의 단순 비교가 부적절한 이유입니다."

"독일이 이웃 나라에서 전력을 수입할 수 있는 환경인 건 인정합니다.

그러나 당시에 독일은 인근 국가에서 전력을 수입하지 않았어요."

대범이 은실의 주장에 맞서 다른 의견을 내놓았다. 대범은 발언하는 동안 턱을 치켜들었다.

"그런가요? 저희가 확인한 자료에 따르면, 2011년 독일이 이웃 나라에서 전력을 수입했다고 나와 있는데요."

"……."

은실의 기습에 대범은 말문이 막혔다.

"물론 원전 제로 정책을 선언한 2011년에 전력을 수입한 적이 있습니다. 그러나 그건 일시적인 수입이에요. 후쿠시마 사고로 갑작스레 원전 제로를 선언하고 일부 원전의 가동을 중단하면서 한때 전력 부족이 발생했기 때문입니다. 이후 독일은 원전 폐쇄로 인한 전력 감소분을 신·재생에너지를 확대해 충당했어요. 태양, 물, 바람을 이용한 친환경 에너지 말입니다."

다행히 기주가 위기를 잘 넘겼다. 대범이 고맙다는 눈짓을 하자 기주가 미소로 화답했다. 그 모습을 정겹게 바라보던 슬기도 빙그레 웃었다.

태양광 발전이 가능할까?

은실이 공격의 고삐를 다시 조였다. 또다시 반론의 포문을 열었다.

"물과 바람으로 전기를 만든다면 더없이 좋겠지요. 저희도 반대하지 않습니다. 인류는 오래전부터 수차나 풍차를 이용했습니다. 높은 곳에서 떨어지는 물의 힘이나 산을 넘나드는 바람의 힘은 청정에너지임에 틀림없습니다. 또 화석 연료처럼 고갈될 염려도 없지요. 하지만 수력과 풍력 발전소는 아무 곳에나 지을 수 없다는 한계가 있습니다. 수력 발전소는 물이 풍부한 곳, 풍력 발전소는 바람이 많이 부는 곳에서나 쓸모가 있지요."

"그런 문제가 있긴 합니다. 그래서 신·재생 에너지를 언급할 때 수력, 풍력만을 얘기하진 않아요. 태양광 에너지도 중요합니다. 태양광 얘기는 왜 빼죠? 지구에서 만들어지는 에너지는 모두 태양으로부터 왔어요. 식물의 광합성을 생각해 보세요. 햇빛이 없으면 광합성은 불가능하지요. 그만큼 태양은 지구 생명에게 절대적입니다."

오늘따라 자신감이 넘치는 슬기가 은실을 뚫어져라 보면서 반문했다. 은실은 아랑곳하지 않고 당당히 대꾸했다.

"일부러 뺀 건 아니고, 태양광이 우리 실정에 안 맞을 듯해 언급하지 않았어요. 안 그래도 좁은 국토에 어디에다 태양광 패널을 깔죠? 산을 깎고 숲을 밀어서 깔 건가요? 미국 원자력 에너지 협회에 따르면, 같은 양의 전력을 생산하는 데 원자력보다 태양광은 75배, 풍력은 350배의 땅이 필요하다고 합니다. 원전을 대신해 태양광을 늘린다면, 그 많은 태양광 패널을 어디에 어떻게 설치할 겁니까? 구체적인 해결 방안이 없습니다."

슬기 역시 긴장을 늦추지 않고 당당하게 말했다.

"구체적인 해결 방법을 알려드리죠. 태양광 패널은 여러 곳에 설치할 수 있습니다. 가정에선 아파트 베란다나 주택 지붕에, 빌딩이나 공공기관에선 옥상이나 실외 주차장 등을 활용할 수 있어요. 고속도로 옆 못 쓰는 땅도 활용 가능합니다. 심지어 도로 자체를 태양광 패널로 만들 수도 있어요. 물론 이는 완전히 상용화된 기술은 아닙니다. 현재 몇몇 나라에서 부분적으로 시도하고 있어요. 어쨌든, 방법은 많습니다."

"태양광 패널이 깔린 도로를 아마 솔라로드라고 하죠? 프랑스 등에서 시범적으로 시도하는 걸로 압니다. 맞나요?"

"네, 그런 걸로 알고 있습니다."

"아직 상용화된 게 아니니까 넘어갈게요. 그 외에도 여러 사례를 제시했는데, 그 정도 가지고 전력 생산이 충분할까요? 더 많은 부지가 필요해 보이는데요. 한국은 전력 사용량이 많은 나라입니다. 전체 전력 사용량은 세계 8위이고, 1인당 전력 사용량은 세계 13위예요. 원전, 더 나아가 화력 발전소까지 줄이려면 태양광 패널이 엄청나게 필요할 텐데, 과연 가능할까요?"

은실은 구체적 수치를 대며 반론을 이어 갔다. 이번엔 슬기 대신 기주가 나섰다.

"혹시 경남 상주시에 있는 지평 저수지나 오태 저수지에 가 본 적 있나요? 이곳에는 수상 태양광 패널이 설치되어 있어요."

"안 가 봤는데, 그런 게 있나요?"

"네, 이곳 저수지에 세계 최대의 수상 태양광 발전소가 있습니다. 물 위에 태양광 패널이 설치되어 있어요. 충남 보령댐 수면 위에도 태양광 패널이 설치되어 있고요. 이렇게 저수지나 댐, 파도가 잔잔한 해안가 등

수상 태양광 발전소를 건설할 수 있는 공간은 널려 있습니다. 우리가 좀 더 상상력을 발휘하면 그런 공간을 충분히 찾을 수 있어요."

"그럴까요? 설령 저수지나 댐, 해안가 등에 설치한다 해도, 인구 대비 국토가 좁은데 여유 공간이 얼마나 있을지 모르겠네요."

"인구 밀도가 높은 건 사실입니다. 그러나 패널 설치는 인구 밀도와 별 관련이 없습니다. 왜냐하면 이미 밝혔듯이 옥상, 지붕, 고속도로 등 사용 중인 공간과 땅을 활용하면 되기 때문입니다. 산을 깎거나 숲을 밀어 버리고 새로운 땅을 확보하지 않아도 돼요."

은실과 기주가 한 치도 물러서지 않고 토론을 이어 갔다.

"좋습니다. 태양광 패널을 설치할 땅이나 공간을 확보했다고 치죠. 근데 햇빛은 24시간, 365일 비치지 않습니다. 밤에는 전력 사용량이 적어서 다른 에너지원에 의존한다 해도, 장마철이나 겨울철 등은 어떻게 할 건가요? 장마철은 연중 일조량(지표면에 비치는 햇볕의 양)이 가장 적어요. 전력 소비량이 공급량을 웃돌게 되면 블랙아웃이 벌어질지 몰라요."

반대 팀의 적극적인 방어로 은실이 다소 주춤하는가 싶더니 이내 다시 포문을 열었다.

"우선, 독일은 한국에 비해 비가 자주 내립니다. 그림을 보실까요? 일조량을 보여 주는 세계지도인데요. 1년 동안의 전체 일조량을 비교해 보면, 1제곱미터당 독일이 900~1천 킬로와트시 수준인 반면에 한국은 1,400~1,600킬로와트시 수준이에요. 독일은 우리보다 열악한 자연조건에서도 태양광 발전을 늘리고 있어요. 그렇다면 환경 조건이 더 좋은 우리

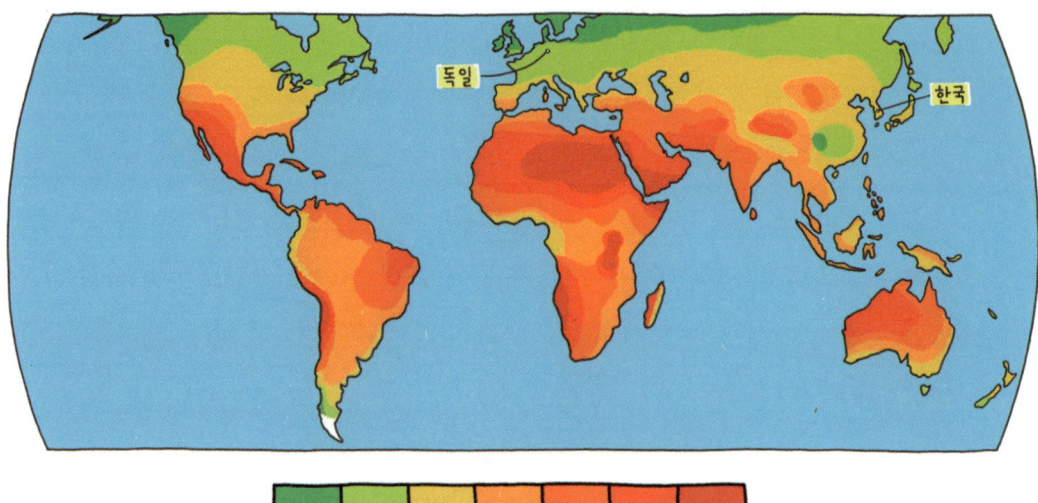

세계의 일조량 지도

800~900 ~1,000 ~1,200 ~1,400 ~1,800 ~2,200 ~2,600 kWh / m²

나라가 못 할 것도 없죠."

기주 대신 나선 건 대범이었다. 지난주에 서로 화해하고 나서 두 사람의 호흡이 무척 좋아졌다. 죽이 척척 맞았다.

"그러나 태양광 발전만으로 전력 공급이 충분할까요?"

"독일은 하루 전력 소비량의 절반을 태양광으로 공급하는 기록을 세우기도 했어요. 국토의 6퍼센트에 태양광 패널을 깔면 전력 소비량 전체를 충당할 수 있어요. 국토의 2퍼센트만 패널로 덮어도 원전을 대체할 수 있습니다. 2퍼센트가 작은 면적은 아니지만 지붕, 옥상, 고속도로 주변 땅, 수상 공간 등을 활용하면 충분히 가능해요. 태양광 패널을 설치할 장소보다 설치할 의지가 부족한 게 진짜 문제랍니다."

대범과 기주가 은실을 상대로 공격을 펼쳤다. 대범은 속으로 '아, 이건 거의 메시와 호날두의 플레이 아닌가?' 하며 흐뭇해했다.

"다시 말하지만, 비용은 어떻게 감당하죠?"

"원전 하나를 지으려면 3조 5천억 원, 폐쇄하려면 1조 원이 필요합니다. 거기에 사용 후 핵연료 처리, 원전 관리 등의 비용도 만만치 않습니다. 일본 원자력 위원회에 따르면, 원전 1기의 핵폐기물 처리 비용이 3조 1,400억 원입니다. 한국에 25기의 원전이 있으니 78조 원 이상의 비용이 필요하죠. 원전이 노후할수록 부품 수리 및 교체 등 안전 비용도 늘어납니다. 사고라도 나면 수습 비용은 상상을 뛰어넘어요. 그렇다면 원전을 폐쇄하는 절차를 밟는 순간, 돈은 마련된다고 봐야 합니다. 원전에 늘어갈 돈이 남을 테니까요."

대범이 자료를 곁눈질하며 설명을 마치자 은실이 힘 빠진 목소리로 반론을 폈다.

"하지만 그런 비용이 당장 들어가는 건 아니에요. 발전소 건설비를 제외하면 나머지는 전부 먼 미래의 일이거나 가능성이 적은 일일 뿐이죠. 당연히 당장 들어가는 비용만 놓고 보면, 원전이 훨씬 경제적이에요."

기주가 방어에 나섰다. 여느 때처럼 차분하지만 단호한 목소리였다.

"과연 그럴까요? 태양광은 설치할 때는 많은 돈이 듭니다. 그러나 이후에는 유지비를 제외하면 큰돈이 들지 않아요. 반면 원자력은 시간이 갈수록 단가가 급격히 증가합니다. 처음에는 들지 않았던 비용들이 늘어나기 때문이에요. 미국 듀크대학에서 발전 단가 변화 추이를 조사했는데요, 처음에는 태양광이 원자력보다 단가가 높았지만 시간이 흐를수록 원자력이 태양광보다 높아졌답니다. 미국에선 2010년도부터 상황이 역전되었어요."

절전이 답이다?

혼자서 방어하느라 전력을 쏟은 은실이 지쳐 보였다. 은실을 대신해 지영이 입을 열었다.

"좋습니다. 신·재생 에너지 전환이 가능하다고 칩시다. 그렇다 해도……."

슬기가 중간에 말허리를 툭 자르며 치고 들어왔다.

"아니, '칩시다.'가 아니라 분명 가능합니다. 한국 에너지 기술 연구원에서도 기술적으로 신·재생 에너지 잠재량이 2015년 공급된 전력량의 스물두 배에 달한다고 발표한 바 있습니다. 분명 신·재생 에너지 전환은 가능합니다."

"저기요, 제가 지금 말하고 있잖아요? 자꾸 말 끊으실래요?"

"제가 자꾸 뭘 그랬다는 거죠?"

슬기와 지영이 눈을 부라리며 언성을 높이자 사회자가 제지했다.

"여러분, 흥분하지 말고 차분하게 토론합시다. 상대의 의견을 끝까지 듣고 말하세요."

슬기가 풀 죽은 목소리로 "네." 하고 대답했다. 지영은 분이 안 풀리는

지 입가를 씰룩거렸다.

"다시 할게요. 신·재생 에너지 전환이 가능하다 해도, 신·재생 에너지가 화력 발전소를 대신하려면 앞으로 시간이 꽤 걸려요. 신·재생 에너지에 대한 투자 확대, 또 실제 건설까지 넘어야 할 산이 많습니다. 그렇다면 원자력 발전을 청정에너지로 가는 징검다리로 활용해야 하지 않을까요?"

지영이 거침없이 발언을 이어 갔다. 지영의 눈빛이 매섭게 빛났다.

"좋은 지적입니다. 징검다리, 물론 필요합니다. 다만 다른 방식으로 필요하다고 생각합니다. 그건 바로 절전입니다. 신·재생 에너지 전환 정책도 중요하지만 전기를 아껴 써야 합니다."

슬기는 지영이 말한 '징검다리'라는 표현을 역으로 활용하는 센스를 발휘했다. 두 사람의 공방이 계속됐다.

"전기를 아껴 쓴다? 말이야 쉽죠. 현실적으로 전기를 아껴 쓰는 일은 간단치 않습니다. 전기를 아끼려면 생활 방식을 바꿔야 하는데, 누가 생활의 불편을 감수하면서까지 그렇게 할까요? 더운데 냉방 못 하고 추운데 난방 못 하면서 살 이유가 없잖아요? 아무리 정부가 전기를 아껴 쓰라고 호소해도, 생활이 전보다 불편해진다면 전기를 절약하지 않을 겁니다."

"제가 말한 '아껴 쓰자.'의 의미는 생활의 불편을 감수하면서까지 전기를 아끼자는 게 아닙니다. 냉난방처럼 꼭 필요한 부분을 무시할 순 없죠. 전기 사용을 줄이면서도 냉난방은 줄이지 않을 수 있습니다. 단열, 조명, 전동기 등에서 이미 개발한 절전 기술로 기존 기술을 대체하기만 해도 전체

에너지 사용량의 30퍼센트를 절약할 수 있다는 연구 결과가 있습니다."

"다소 과장된 내용인 것 같은데요. 근거나 출처가 있는 얘긴가요?"

지영이 슬기를 매서운 눈초리로 쳐다보며 반문했다. 슬기는 묘한 표정으로 답변했다. 비웃음 같기도 하고, 쓴웃음 같기도 한 표정이었다.

"존번이라는 미국 에너지 학자의 연구 결과입니다. 전체 에너지의 30퍼센트면 원전 20기와 맞먹습니다. 신·재생 에너지에 큰돈 안 들이고 절전 기술만 잘 활용해도 원전을 줄일 수 있어요. 태양열과 지열을 이용한 냉난방, 에너지 손실을 최소화한 단열재, 자연광을 이용한 조명, 자연 바람을 이용한 환기 시스템 같은 것들 말이에요. 이런 기술들이 왜 중요하냐면 도시에서 에너지의 60퍼센트 이상이 건물에서 소비되기 때문입니다. 건물 에너지 소모량의 대부분이 냉난방에 쓰입니다."

"절전 기술로 30퍼센트나 절약할 수 있다고 하셨는데, 그렇다면 우린 왜 그 좋은 방법을 실천하지 않는 건가요?"

"당장 돈이 들어가기 때문이죠. 간단한 예를 들어 볼게요. LED 전구가 있습니다. 일반 전구보다 분명 더 비싸요. 근데 오래 쓰다 보면 결국 이익입니다. 사람들은 집을 지을 때 당장의 비용을 줄이려고만 해요. 그래서 절전 기술을 충분히 활용하지 않아요. 그러나 초기 비용을 좀 더 늘려서 절전 기술을 대폭 적용하면 장기적으로 이익이 되지요."

슬기와 지영이 공방을 벌이는 가운데 은실이 입을 열었다.

"알겠어요. 다시 말하지만, 저희가 신·재생 에너지 확대를 반대하는 건 아니에요. 다만 신·재생 에너지 시대가 온다 해도, 그것이 국가 에너지의 주축이 된다는 뜻이지 100퍼센트 신·재생 에너지만 사용한다는 의미는 아니지 않나요? 화석 연료 시대에 화석 연료만 사용하지 않은 것과 마찬가지예요. 텔레비전이 등장한다고 라디오가 없어지지 않았고, 인터넷이 널리 사용된다고 책이 사라지지 않았어요. 각각의 쓰임새와 매력이 다르기 때문이죠."

"그래서 저희가 에너지 절약 기술을 강조한 거예요. 에너지 절약은 건물, 산업, 운송 등에서 할 수 있어요. 주택으로 조금 더 설명할게요. 혹

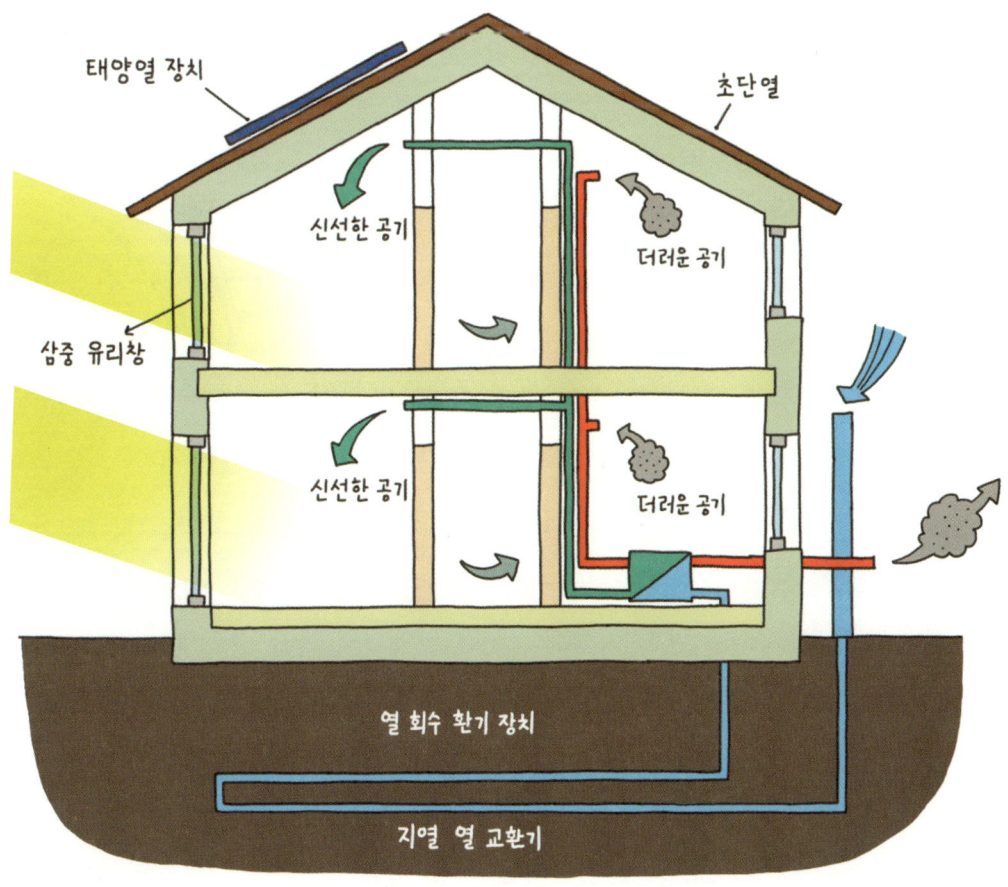

시 패시브 하우스Passive house라고 들어 봤나요?"

기주의 질문에 은실이 짧게 답했다.

"네, 들어 봤습니다."

"단열재 등을 활용해 집 안의 열이 밖으로 새 나가지 않도록 하는 주택입니다. 한마디로 에너지 절약형 주택이죠. 단열 기술은 상당히 발전했어요. 3중 유리창, 단열 벽돌, 외부 블라인드 등으로 냉난방에 쓰이는 전기를 대폭 아낄 수 있습니다. 이와 관련된 일화가 있어요. 클린턴 전 미국 대통령이 백악관을 패시브 하우스로 리모델링했더니 전력 소비가 절반이나 줄었다고 해요. 리모델링이라서 그 정도고, 애초에 패시브 하우스로 지으면 기존 주택보다 최대 80퍼센트까지 전기를 줄일 수 있다고 합니다."

"저희가 말씀드린 것은 그런 의미가 아닙니다. 신·재생 에너지가 좋다고 해도, 분명히 한계가 있어요. 신·재생 에너지는 낮과 밤, 계절, 기후 등 자연환경에 따라 크게 영향을 받습니다. 원전처럼 365일, 24시간 안정적인 발전發電이 어려워요. 그런 이유에서 신·재생 에너지가 좋다고 해도, 여기에만 국가 에너지를 전부 기댈 순 없어요. 신·재생 에너지 시대에도 효율적인 에너지 공급을 위해 원자력은 필요할 수밖에 없습니다."

기주와 은실이 단단히 입씨름을 벌였다. 둘의 토론은 팽팽한 줄다리기를 연상시켰다.

"에너지 효율을 말하셨는데요, 원전은 에너지 효율 측면에서도 문제가 많아요. 화력 발전은 3분 만에 끄고 5분이면 켤 수 있습니다. 전기 수요가 적은 밤엔 쉽게 가동을 멈출 수 있어요. 반면 원전은 끄고 켜는 게 쉽지 않습니다. 켜는 데 꼬박 3일, 끄는 데 4일이 걸립니다. 24시간 계속 켜 놓는 이유기도 하지요. 따라서 밤엔 전기가 남아돕니다. 그래서 생긴 게 야간에 전기를 싸게 공급하는 심야 전기 제도입니다. 게다가 저번 토론에서 언급한 온배수도 문제입니다. 원전에서 100만큼의 에너지를 만들면 그중 30이 전기가 되고, 나머지 70이 온배수로 빠져나갑니다. 에너지를 바다에 버리는 셈이지요."

"온배수 문제는 원전만의 문제가 아닙니다. 화력 발전도 온배수를 배출하는 걸로 압니다. 바닷물을 냉각수로 활용하는 화력 발전소만 53기가 있어요. 이들 발선소는 모두 온배수를 배출하고 있습니다. 근데 온배수를 원전만의 문제라고 하겠어요?"

은실의 질문에 기주가 곧바로 반격했다.

"화력 발전에 같은 문제가 있다고, 원전이 정당화되진 않습니다. 온배수 문제에 관한 한 원전이나 화력 발전이나 똑같이 비판받아야 합니다. 에너지 효율 얘기를 더 할까요. 원전에서 만든 전기는 집에서 주로 어디에 쓰일까요? 냉난방이에요. 근데 냉난방 과정에서, 즉 전기 에너지가 열에너지로 바뀌는 과정에서 50퍼센트가 버려져요. 에너지를 변환하는 데 따른 손실분이죠. 그러니까 원전에서 100만큼의 열에너지가 30만큼의 전기 에너지로 바뀌고, 그 30만큼의 전기 에너지가 다시 15만큼의 열에너지로 바뀝니다. 전기 난방이란 정말 코미디 같은 거예요."

은실 대신 지영이 다시 나섰다.

"온배수는 지난번에 말씀드린 대로 적절히 재활용하면 됩니다. 재활용으로 에너지 효율을 높이고, 환경에도 피해가 덜 가도록 하면 됩니다."

지영이 나서자 다시 슬기가 맞섰다.

"그러나 100퍼센트 재활용은 못 합니다. 그렇게 에너지를 낭비하는 것보다 신·재생 에너지를 적극적으로 확대하는 게 낫지 않을까요? 그러나 우리의 현실은 암울합니다. 우린 왜 신·재생 에너지로의 전환이 더딜까요?"

"그걸 왜 저희한테 묻죠? 저희 질문에 제대로 답변 안 하고, 자꾸 엉뚱한 얘기를 하는데요, 다시 물을게요. 신·재생 에너지는 원전처럼 24시간, 365일 안정적인 발전이 어렵습니다. 국가 에너지 전체를 신·재생 에너지에 기대는 건 무책임하지 않나요? 원활한 에너지 공급을 생각한다면 신·재생 에너지 시대에도 원자력 발전이 필요하지 않을까요? 분명히 대답해 주세요."

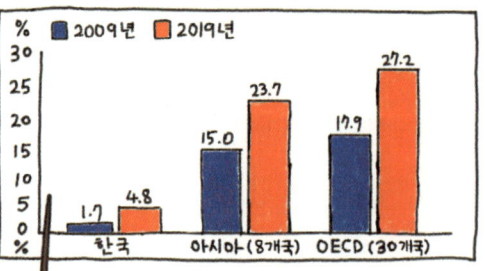

지영이 짜증 섞인 목소리로 답변을 요구했다. 지영의 눈꼬리가 도깨비처럼 치켜 올라갔다. 지영과 달리 슬기는 냉정을 유지했다. 지영은 그런 슬기를 보자 더욱 짜증이 치밀었다.

"답변 드릴게요. 에너지 분야 컨설팅 업체인 에너데이터(Enerdata)에 따르면, 한국은 2019년 기준으로 재생 에너지 발전 비중이 4.8%에 불과했어요. 44개 조사 대상국 평균인 26.6%에 크게 미치지 못했습니다. 순위는 40위를 기록했지요.

브라질(82.3퍼센트), 뉴질랜드(81.9퍼센트) 등은 80퍼센트를 넘었어요. 이것만 봐도 신·재생 에너지를 늘리는 것이 기술상의 문제가 아님을 알 수 있어요. 그것은 의지와 결단의 문제입니다."

슬기가 숨을 한 번 고르곤 차분하게 설명을 이어 갔다.

"당장에 싼 것만 주구한 결과, 신·재생 에너지 전환이 미뤄지고 있어요. 원자력은 발전 단가가 쌉니다. 그러나 거듭 지적하자면 이는 미래 세대에게 비용을 떠넘긴 결과랍니다. 사실은 싼 게 아니에요. 원자력이 싸다는 오해가 신·재생 에너지 전환을 방해합니다. 발전 단가가 저렴한 원자력이 있는데, 신·재생 에너지에 굳이 투자할 필요가 있냐는 거죠. 신·재생 에너지를 늘려서 원전을 줄여야 하는데, 기존의 원전이 신·재생 에너지 확대를 가로막는 셈이에요."

지영은 '누가 물어봤어?', 그 말이 목구멍까지 차올랐지만 꾹 참고 슬기의 발언을 반박했다.

"다시 말하지만, 미래 세대와 비용을 분담하지 않으면, 결국은 우리가 모든 비용을 부담해야 합니다. 많은 비용을 여러 세대가 나눠서 부담하는 게 합리적이지, 한 세대가 혼자서 부담하는 게 합리적일까요?"

슬기가 퉁명스러운 목소리로 상대를 자극했다.

"참 이기적이네요. 그런 관점이 자기밖에 모르는 관점이라고 생각하지 않으세요? 찬성 팀에서 말하는 합리성이란 결국 현세대만을 위한 합리성이라고 생각합니다."

"아니, 저희 입장을 자꾸 이기주의로 몰아가시는데……. 이건 이기주의가 아니라……."

짜증이 극에 달한 지영의 목소리가 가늘게 떨렸다. 준수가 돌아가는 상황이 심상치 않다고 판단하고 지영에게 멈춰 보라고 손짓했다. 그러고는 지영을 대신해 재빨리 발언을 이어 갔다.

"여러분, 지금 세대가 원전으로 생산한 전기를 낭비만 할까요? 현세대가 많은 에너지를 써서 물질적 풍요, 문화 발전, 과학 기술 진보 등을 일구지 않았나요? 우리가 이룩한 풍요와 문화와 과학 기술은 후손에게 물려줄 재산입니다. 그렇게 본다면, 현세대의 에너지 소비가 미래 세대와 무관하다고 말할 순 없습니다. 현세대와 미래 세대를 너무 날카롭게 나눌 필요는 없습니다. 우리의 미래가 그들이고, 그들의 과거가 우리겠죠."

예전 두 번째 토론 이후 준수가 생각해 낸 논리였다. 그때 지영이 준수를 도우려고 나서면서 언급한 생명의 빚에 대해서 준수 나름대로 고민한 결과였다. 기주가 준수에게 응수했다.

"저희는 다른 길을 찾아야 한다고 생각합니다. 미래 세대에게 부담을 주지 않으면서도 안전하고 친환경적인 길을요. 싼 가격은 비싼 대가를 치르게 해요. 당장 싸다고 원자력과 화석 연료에 의존하면 결국 원전 사고,

핵폐기물, 온실가스, 미세 먼지 등을 떠안게 돼요. 대안은 두 가지입니다. 크게는 신·재생 에너지로의 전환이고, 작게는 에너지 효율을 높이는 거예요. 에너지를 펑펑 쓰는 대신 잘 쓰자는 거죠. 전자 제품의 에너지 효율을 높여 전력 소모를 줄이고, 교통 정책과 시스템도 대중교통의 비율을 높이는 방향으로 바꿔야 해요. 원자력, 화력 등 재생 불가능 에너지를 버리고 태양광, 풍력 등 재생 가능 에너지를 선택해야 합니다. 더 늦기 전에 말입니다. 사고가 난 후에는 이미 늦습니다. 안전할 때 멈춰야 합니다."

어느새 시간이 꽤 흘렀다. 슬슬 토론을 마무리할 시점이었다. 사회자가 시계를 힐끔 쳐다봤다. 사회자가 목청을 가다듬으려는 듯 목기침을 한 번 하고는 입을 뗐다.

"오늘은 원전을 대체할 신·재생 에너지를 중심으로 토론을 진행했습니다. 신·재생 에너지가 당장 원전을 대체할 수 있는가에 대해선 의견이 달랐지만, 궁극적으로 신·재생 에너지로 전환해야 한다는 점에선 모두 동의했어요. 그 연장에서 에너지 절약에 대해서도 심도 있는 토론이 이뤄졌습니다. 꼭 원전 때문이 아니라도 지구 온난화가 심각해진 오늘날에 에너지 절약은 매우 중요한 문제랍니다. 그런 의미에서 오늘 토론한 내용에 비추어 생활 속에서 에너지를 어떻게 절약할 수 있을지 고민해 보면 좋을 것 같아요. 오늘 토론이 제법 뜨거웠는데 다들 수고 많았어요. 자, 그럼 다음 시간에 봅시다."

"얘들아, 우리 오늘 잘했지?"

슬기가 흥분을 감추지 못했다.

"아니!"

대범이 눈을 동그랗게 뜨며 단호하게 말했다.

"엥, 아니?"

슬기는 살짝 머쓱한 표정이 되었다.

"우리가 잘한 게 아니라 네가 잘했지. 하하."

그렇게 말해 준 건 기주였다. 대범도 얼굴에 웃음을 띠었다.

"히히. 내가?"

슬기가 다시 히죽 웃으면서 물었다.

"그래, 슬기가 정말 잘했지. 토론하다 가끔 흥분도 했지만, 막판엔 감정을 누르고 잘했어."

대범이 엄지손가락을 세워 보였다. 친구들의 칭찬 덕분에 슬기는 우쭐한 기분이 들었다.

"지영이 걔 얼굴 봤지? 완전 흥분해 가지고 얼굴이 붉으락푸르락, 장난 아니던데."

"그랬어? 나중엔 토론에 너무 집중하다 보니까 상대편 얼굴도 잘 안 보이던걸."

기주의 대답에 슬기가 살짝 실망했지만, 이내 활기를 되찾고 새로운 제안을 했다.

"그래? 하여튼, 애들아! 다음번 마지막 토론 마치고 같이 축구할래?"

"그날 바로? 토론 끝나면 늦은 시간이라 애들도 별로 없을 텐데……."

대범이 의아한 듯 물었다.

"그냥 우리 셋이 하지 뭐."

"에이, 셋이 어떻게 축구를 하냐?"

"가능한 방법이 있지. 가위바위보를 해서 우선 두 명을 뽑는 거야. 이 두 사람이 각각 상대가 돼서 축구를 하고, 나머지 한 명은 이 팀 저 팀을 옮겨 가며 편이 되어 주는 거야."

"나머지 한 명이 팀을 옮겨 가며 편이 돼? 무슨 말인지 모르겠어."

"에이, 그러니까 만약 너희 둘이 두 명으로 뽑히면 너희 둘이 겨루는 거야. 우선 기주가 공격을 할 때는 난 대범이 편에서 수비에 가담하고, 반대로 대범이 공격을 할 때는 내가 기주 편에서 수비를 돕는 거지. 다시 말해, 공격은 무조건 한 명, 수비는 언제나 두 명이 되는 거야."

"아, 무슨 말인지 알겠다. 나머지 한 명은 고정된 게 아니라 수비하는 쪽을 거드는 거구나?"

"맞아."

"좀 특이한 경기 방식인인데……. 뭐, 한 번 해 보지."

세 사람은 다음에 축구를 하기로 약속하고 헤어졌다. 집에 도착한 슬기는 평소처럼 일기장을 폈다.

믿어지지 않는다. 한 달 전까지

만 해도 기주와 대범이 친해질 줄은 상상도 못 했다. 그땐 내색은 안 했지만, 정말 끔찍했다. 힘을 합쳐도 모자랄 판에 같은 편끼리 사이가 나빴으니, 생각만 해도 아찔하다. 이젠 두 사람이 말도 잘하고, 아무 문제가 없어 보인다. 그저 신기할 따름이다.

그때 기주에게 말하길 잘했다. 괜히 나섰다가 두 사람을 더 멀어지게 하진 않을까 걱정도 했다. 이제 와 생각하니, 그때 나서길 잘한 것 같다. 대범이는 아무것도 모르겠지. 화해의 물꼬를 튼 건 기주지만, 물길을 내도록 옆에서 거든 건 나인데. 아무튼, 모든 게 잘 풀려서 너무 다행이다.

대범이도 더없이 좋은 친구지만, 기주도 멋진 아이인 것 같다. 기주는 볼수록 신기한 아이다. 되게 어른스러워 보이면서도, 어딘가 귀여운 구석이 있다. 앞으로 세 사람이 잘 지냈으면 좋겠다. 나중에 중학생이 되고, 고등학생이 돼도 계속 친하게 지낼 수 있길. 같이 축구도 하면서 그렇게.

그날 밤 꿈속에서 슬기는 언덕을 내달렸다. 현기증이 날 만큼 가파른 언덕이었다. 발이 땅에 닿지 않을 정도로 빠르게 비탈진 언덕을 달려 내려왔다. 롤러코스터를 타고 수직으로 떨어지는 기분이었다. 누군가 슬기의 손을 잡고 함께 달렸다. 부드럽고 따뜻한 손이었다. 옆을 돌아보려 애썼지만 고개가 돌아가지 않았다. 그 사람이 누군지 너무 궁금했지만 볼 수 없었다. 그런데 신기하게도 답답하지만 달콤한 기분이었다. 이상한 꿈이었다.

함께 정리해 보기
원전 정책에 대한 쟁점

원전을 찬성한다	논쟁이 되는 문제	원전을 반대한다
비용이 많이 들기 때문에 힘들다.	원전 정책을 바꿀 수 있을까?	원전을 통해 당장의 비용을 절감하는 게 장기적으로는 손해가 될 수 있다
한국과 독일은 상황이 다르다.	한국이 독일처럼 원전을 줄일 수 있을까?	한국과 독일은 다른 부분도 있지만 공통된 부분도 많다.
태양광 발전이 원전을 대체할 수는 없다.	태양광 발전은 대안이 될 수 있을까?	태양광 발전으로 원전을 대체할 수 있다.
신·재생 에너지 시대에도 원전은 필요하다.	에너지 절약 기술만으로도 충분할까?	에너지 절약 기술을 확대하면 원전은 필요하지 않다.

5
원전은
사회적 갈등을
일으킬까?

원자력 발전소는 모두 바닷가에 있어. 핵분열 반응으로 뜨거워진 원자로를 식히는 데 필요한 냉각수를 쉽게 얻기 위해서지. 그러다 보니 원전 건설 지역은 서울과 같은 대도시가 아니라 농어촌이 될 수밖에 없어. 이들 지역에서는 이를 차별로 받아들이지. 반대편에서는 원전 거부를 오히려 지역 이기주의라고 비난해. 국민 전체에 꼭 필요한 시설을 반대하는 것은 어디까지나 지역 이기주의라는 거야. 쟁점은 국가적 필요성과 생존권·환경권의 충돌이지. 어느 쪽 말이 맞든, 이것 하나는 기억할 필요가 있어. 소수의 국민도 국민이라는 사실 말이야.

원자력 발전소를 사람이 적게 사는 지역에 짓는 건 어쩔 수 없어. 사고 예방에 최선을 다해야겠지만, 만에 하나 사고가 났을 때 피해를 최소화하려면 그럴 수밖에 없지. 원전을 둘러싼 갈등을 이익을 보는 다수와 피해를 입는 소수의 문제로 비판하기도 하지만, 원전에서 사고가 발생하면 모두가 피해자야. 원전 건설이 꼭 소수만의 문제, 즉 소수에 대한 차별은 아닌 거야. 원전처럼 사회적으로 반드시 필요한 시설이 자기 지역에 들어오는 걸 반대하는 태도는 지역 이기주의라고 할 수 있어.

원전 반대 팀

기주 / 대범 / 슬기

실제 전기 사용은 도시 지역이 많은데도 원전 건설 지역은 변두리로 낙점돼. 서울, 도시, 기업 등은 원전의 혜택을 누리는 반면에 지방, 시골, 농어민 등은 원전 및 송전탑 건설 등으로 피해를 보고 있어. 원전을 소외 지역에 건설하는 건 분명한 차별이야. 원전에서 사고가 발생하면 모두가 피해를 보는 건 맞지만, 해당 지역에 거주하는 사람들의 피해가 가장 크지. 따라서 건강하고 쾌적한 환경에서 살아갈 권리, 즉 환경권에 대한 주민들의 요구는 지역 이기주의라고 보기 어려워. 그것은 이기주의가 아니라 당연한 권리야.

차별일까, 아닐까?

　드디어 다섯 번째이자 마지막 토론회가 열리는 날이다. 대범 팀은 한 주 한 주 숨 가쁘게 달려왔다. 토론이 끝난 후 토론 내용을 꼼꼼히 분석하고 다음 토론을 준비하다 보면 어느새 한 주가 훌쩍 지나갔다. 그렇게 4주가 쏜살같이 흘러갔다. 시간이 정신없이 지나갔지만, 이상하게도 매순간이 뚜렷이 기억에 남았다. 그만큼 치열한 시간이었다.

　특히, 대범에겐 이번 토론 대회가 남다를 수밖에 없었다. 원수처럼 대했던 기주와도 화해할 수 있었고, 슬기와는 더욱 친해지는 계기가 됐다. 또, 토론 대회를 핑계 삼아 상주까지 견학을 다녀온 것도 너무나도 좋았다.

　무엇보다 보람된 일은 공부의 재미를 알게 된 것이었다. 지금까지 대범에게 공부란 무언가 딱딱하고 재미없는 것이었다. 근데 토론회가 거듭되면서 생각에 변화가 찾아왔다. 문제를 분석하며 쟁점을 구체화하고, 원인과 해결책을 고민하며 근거를 찾는 과정을 통해서 공부의 맛을 알게 된 것이다. 담임 선생님은 그런 게 진짜 공부라며 대범을 격려해 줬다. 대범은 잘하면 학교 공부에도 재미를 붙일 수 있겠다는 생각을 했다.

"오늘은 사회적 갈등에 대해서 다룰 건데, 사실 이 문제는 원전만의 문제는 아닙니다. 화장터나 교도소, 정신 병원 등 흔히 혐오 시설이라고 불리는 시설들과도 관련 있죠. 그런 의미에서 이 주제는 지금까지의 주제들과 비교해서 원선과의 직접적인 관련성은 다소 적은 편입니다. 오늘 토론은 좀 빨리 끝내고, 남은 시간에 총평회를 갖도록 하겠습니다. 이제 마지막 토론을 시작해 볼까요?"

사회자가 발언을 마치자 눈치를 살피던 대범이 쭈뼛쭈뼛 손을 들었다. 일순간 모든 시선이 대범을 향했다.

"선생님, 질문이 있는데요. 총평회가 뭐죠?"

"아, 총평이란 전체적인 평가를 말한답니다. 지금까지의 토론 내용이나 자세 등 전반적인 부분을 여러분 스스로 평가해 보는 거예요. 자, 그럼 누가 먼저 이야기해 볼까요?"

슬기가 번쩍 손을 들자 선생님이 슬기에게 발언권을 주었다.

"2012년 1월 16일, 밀양에서 70대 노인이 목숨을 끊었습니다. 평생 농사를 지으며 살던 땅이 망가지는 현실에 저항하다 끝내 극단적인 선택을 한 거예요. 노인을 죽음에 이르게 한 건 바로 송전탑입니다. 노인은 정든 땅이 송전탑으로 망가지는 걸 지켜봐야 했습니다. 2008년부터 2014년까지 밀양에선 나이 드신 어르신들이 송전탑 건설을 반대하며 싸웠답니다. 송전탑을 따라가면 그 끝에 뭐가 있을까요?"

"하고 싶은 얘기를 하세요."

초장부터 지영이 차갑게 대꾸했지만, 슬기는 차분히 대응했다.

"네, 송전탑을 따라가면 발전소가 나와요. 물론 원자력 발전소도 있죠. 원자력 발전소는 보통 바닷가의 소외 지역에 세웁니다. 전기 수요가 많아서가 아니에요. 전기의 대부분은 인근 대도시에서 소비합니다. 소외 지역은 몇 푼 안 되는 보상금을 받고 원자력 발전소를 떠안습니다. 바닷가에서 만들어진 전기를 멀리 서울, 대구, 대전 등의 대도시로 보내려고 농촌과 산촌에 송전탑을 세우죠. 뭔가 이상하지 않나요?"

"그렇다고 사람이 많이 사는 지역에 원전을 세울 수는 없지 않나요?"

지영이 반문하자 슬기가 기다렸다는 듯이 곧장 받아쳤다.

"말 잘했네요. 그 말 속에는 원전이 안전하지 않다는 전제가 깔려 있는 것 같은데요. 원전이 안전하지 않다면, 사람이 많은 곳이든 적은 곳이든 원전을 세워서는 안 되는 거 아닌가요?"

"아니……, 원전이…… 꼭 안전하지 않다는 뜻은 아니고요."

슬기의 느닷없는 반격으로 지영의 말문이 막히자 준수가 나섰다.

"최대한 안전하게 관리해서 아무 사고가 일어나지 않도록 해야겠지만, 만에 하나 사고가 발생했을 때를 대비할 필요성을 말하려 했던 거예요. 피해를 최소화하려면 주민이 적은 곳에 세워야 한다는 뜻이에요. 원전 인근에 정 살기 싫으면 주거지를 옮기면 되지 않나요?"

준수의 말이 끝나기 무섭게 대범이 발끈하고 나섰다. 대범은 기가 차다는 얼굴을 했다.

"정말 너무하네요. 어떻게 그런 말을 할 수 있죠? 여러분이 사는 곳에 원전이 들어선다고 해도 짐 싸서 떠날 건가요? 그곳이 수십 년 동안 살아온 정든 고향이라도 말이에요. 왜 그들만 삶의 터전이자 정든 고향을 떠나야 하나요?"

"……."

대범의 반격에 준수가 할 말을 잃고 말았다. 지영과 준수가 연거푸 코너에 몰리자 찬성 팀 분위기가 착 가라앉았다. 이런 상황에서도 침착함을 잃지 않는 건 역시 은실이었다. 이제 팀의 에이스 은실이 나설 차례가 된 것이다. 은실은 헛기침을 한 번 하고 입을 뗐다.

"흠흠, 아까 저희 팀원이 싫으면 떠나라고 했지, 무조건 떠나야 한다는 뜻은 아니었습니다. 정 싫으면, 개인의 선택으로 떠나면 된다는 거죠. 그들만 떠나야 한다는 게 아니라, 그들에게 떠날 자유가 있다는 의미입니다. 무조건 떠날 필요도, 떠나야 하는 것도 아니에요. 왜냐면 먼젓번 토론에서도 여러 번 강조한 것처럼, 원전이 충분히 안전하게 관리되고 있으니까요. 그러니 굳이 떠날 이유도, 필요도 없는 거죠. 그럼에도 정 싫으면 떠날 자유가 있다, 그런 뜻으로 이야기한 것입니다."

은실의 해명으로 더는 공방이 벌어지지 않았다. 다시 기주가 포문을 열었다.

"핵무기를 보유한 국가들이 핵 실험을 주로 어디서 했을까요? 모두 변두리 지역이었어요. 가령 중국이 핵 실험을 한 곳은 서북 변경의 소수 민족인 위구르족의 거주지였습니다. 미국의 핵폐기물 처리장이 집중되어 있는 곳도 서부 지역의 목축민 거주지입니다. 아메리카 원주민이 사는 지역이죠. 우리도 마찬가지예요. 한국 수력 원자력이나 정부의 내부 지침을 보면, 원자력 발전소를 세우기에 적당한 장소로 교육 수준이 낮고, 가난한 사람들이 사는 인구 과소 지역으로 규정하고 있답니다. 위험하지 않다면, 실험이든 원전이든 굳이 사람이 적은 곳에서 할 필요는 없겠지요. 결국 위험의 가능성을 소수에게 떠넘기는 겁니다. 이처럼 원전 건설은 위험 시설을 일방적으로 강요하는 측면이 있습니다. 그 점에서 차별이기도 하고요."

은실이 차분하게 방어에 나섰다. 언제나처럼 찔러도 피 한 방울 안 나올 것 같았다.

"그걸 꼭 차별의 문제로 볼 필요는 없죠. 다시 말씀드리지만, 좁은 국토에서 어디엔가 발전소를 세워야 한다면 그게 어디여야 할까요? 인구가 밀집한 지역이 아니라 상대적으로 적은 곳에 발전소를 건설하는 게 낫지 않을까요? 안전하지만, 만약의 사태를 위해서 말입니다. 이것은 차별의 문제가 아니라 선택의 문제일 뿐입니다."

"차별을 선택으로 합리화하는 건 아닐까요?"

은실의 발언이 끝나자마자 슬기가 따지듯 물었다.

"차별의 증거가 구체적으로 있나요?"

슬기의 물음에 은실이 되물었다. 기주가 기다렸다는 듯 입을 열었다.

"이미 지적한 원전의 지리적 위치 자체가 차별이에요. 대부분 서울 같은 대도시에서 멀리 떨어진 곳에 자리 잡고 있으니까요."

기주가 설명을 마치자 은실이 반론을 폈다.

"어쨌든 그것만 가지고 차별이라고 말하긴 어려워요."

기주가 물러서지 않겠다는 듯 바로 방어에 나섰다. 기주의 표정이 단호해 보였다.

"그렇다면 이건 어떤가요? 원전을 운영 중인 어떤 나라도 고준위 방폐장을 세우지 못하고 있어요. 그래서 일부 원전 대국들은 원자력 기술 제공 등을 빌미로 후진국에 방사능 폐기물을 떠넘기려 합니다. 대만은 북한에 방사성 폐기물 이전을 시도했지요. 한국과 중국 정부 그리고 국제 환경 단체들의 반대로 무산되긴 했지만, 드럼통 6만여 개의 폐기물이 북한으로 옮겨질 뻔했다고요. 2011년에는 일본 정부가 몽골에 핵폐기물 처리 시설을 지으려던 계획이 폭로됐습니다. 이를 보더라도 핵 발전의 부산물을 약자나 약소국 등에 떠넘기고 있음을 알 수 있습니다. 물론 약소국 입장에선 기술 이전이라는 효과를 거둘 수 있어요. 그러나 이건 선택을 가장한 강요일 뿐입니다. 다른 방식으로 기술 이전이 가능하다면 이런 선택을 안 할 테니까요."

피해는 소수만 당할까?

기주가 발언을 마치자마자 연이어 슬기가 문제를 제기했다.

"원자력 발전소가 그렇게 안전하다면, 핵폐기물 처리장이 그렇게 안전하다면, 왜 대도시에 짓지 않을까요? 전력을 가장 많이 쓰는 서울에는 원자력 발전소도, 핵폐기물 처리장도 없습니다. 만약 서울에 원자력 발전소가 있다면 국토를 수많은 송전탑과 송전 선로로 거미줄처럼 덮지 않아도 될 텐데 말입니다."

이번에는 준수가 대꾸했다.

"전 세계 어디에도 원전을 대도시에 건설하는 나라는 없습니다."

슬기가 맞장구치듯 목소리를 높였다.

"맞아요. 왜 그럴까요? 그만큼 위험하기 때문이에요. 원전이 안전하다고 주장하면서 인구가 밀집한 대도시에는 원전을 건설할 생각이 추호도 없습니다. 이거 모순 아닌가요? 한 번 더 반복하자면, 원전이 그만큼 위험하기 때문에 대도시에는 절대 건설하지 않는 겁니다."

준수가 다시 대꾸했다.

"앞에서 한 얘기를 자꾸 반복하시네요. 아까부터 원전의 위험성을 단정적으로 얘기하시는데요, 원전 사고가 반드시 일어날 것을 염려해서가 아니라 만약의 경우를 대비해서 원거리에 건설하는 거예요. 사실 사고 가능성도 원전을 어떻게 관리하느냐에 따라 달라진다고 생각합니다. 철저한 안전 관리로 사고를 예방할 수 있어요."

슬기를 대신해 반론을 제기한 건 기주였다.

"과연 그럴까요? 경주 지진처럼 예상 못 한 천재지변으로 원전은 늘 위험에 노출되어 있어요. 이런 부분은 관리 능력과 무관한 것 같은데요?"

이번엔 지영이 나섰다. 아직 물러날 기세가 아니었다.

"내진 설계가 돼 있고, 안전장치도 몇 겹으로 구비돼 있어요. 후쿠시마 참사 이후로 안전시설과 안전 조치를 더욱 강화한 걸로 알고 있습니다. 앞선 토론에서 안전에 대해선 충분히 설명했으니 더 말 안 할게요."

기주가 질문을 던졌다.

"내진 설계 때문에 지진이 나도 안전하다? 우리 원전 가운데 규모 7.0의 지진을 견딜 수 있도록 설계한 원전이 몇 개인지 아나요?"

"그건……, 저희가 미처 조사를 못 했네요."

기주의 질문을 받은 지영이 제대로 대답을 못 했다. 나머지 팀원들도 모르는 내용이라 도와주고 싶어도 그러지 못했다. 상대 팀에서 아무도 대답을 못하자 기주가 바로 발언을 이어 갔다.

"단 한 개뿐입니다. 신고리 3호기가 유일하죠. 나머지는 모두 규모 6.5에 맞춰져 있습니다. 반면에 일본은 원전 내진 기준을 최대 8.7로 높였지요. 다시 본론으로 돌아가죠. 누구나 원전이 위험하다는 걸 압니다. 그래서 아무도 자기 지역에 원전이 들어오는 걸 바라지 않아요. 전기를 많이 쓰는 지역은 서울처럼 대도시인데, 지방에 거주하는 사람들, 특히 외지고 소외된 지역에 사는 사람들에게 부담이 가중되는 이유랍니다. 힘없고 목소리 작은 이들에게 위험을 떠넘기는 거죠."

다소 풀이 죽어 있던 지영이 언제 그랬냐는 듯 바로 목소리를 높였다.

"그렇다고 대도시에 전혀 피해가 없는 것도 아니에요. 고리 원전 인근 30킬로미터 내에는 부산, 울산, 포항 시민 총 380여만 명이 거주하는 걸로 압니다. 만약 고리 원전에서 큰 사고가 발생한다면 이들 지역에 거주하는 380여만 명이 피난을 가야 합니다. 이게 피해가 아니고 뭔가요? 원전 사고의 피해가 꼭 소수만의 문제가 아님을 알 수 있죠."

상대가 목소리를 높이자 기주는 오히려 차분하게 대답했다.

"네, 맞습니다. 좋은 지적을 해 주셨네요. 분명히 갈등이 있지만, 더 정확히 말하자면 차별이 있지만, 원전 사고가 나면 모두가 피해자가 되죠. 부산, 울산, 양산 등에 사는 수많은 사람이 피난을 가는 상황은 생각만으로도 끔찍합니다. 무려 300만 명이 넘는 사람들이죠."

지영이 다시 목소리를 높였다.

"어쨌든 대도시 주민들도 피해를 보는 건 맞잖아요? 이것만 봐도 원전 건설이 꼭 차별의 문제는 아닌 거죠. 아까 대도시 주민들이 전적으로 혜택만 누리고, 소외 지역 주민들만 일방적으로 피해를 본다고 말했던 거 취소하시죠. 사실과 다른 얘길 한 것 같은데요."

기주도 물러서지 않았다.

"부산, 울산 등에서 피해가 발생한다고 해서 차별이 아닌 건 아니에요. 여전히 서울, 대구, 광주, 대전 등 여타 대도시의 피해는 더 적을 테니까요. 게다가 부산이 대도시인 건 맞지만, 수도권은 피해가 적다는 사실이 변하진 않습니다. 원전에서 최악의 사고가 발생하면, 모두가 피해자인 건

맞지만 피해의 정도는 다릅니다."

대범이 기주를 거들고 나섰다.

"아무튼, 전 세계에서 대형 원전 단지 반경 30킬로미터 이내에 이렇게 많은 사람이 사는 곳은 한국이 유일합니다. 후쿠시마 원전의 경우에도 30킬로미터 내 인구는 고작 17만 명이었고, 경제적으로 핵심 지역도 아니었어요. 혹시 30킬로미터가 왜 중요한지 아나요?"

"그건……"

대범의 질문에 지영이 선뜻 대답을 못 했다. 그러자 은실이 잽싸게 거들고 나섰다.

"정확한 건 아닌데, 원전 사고에서 발생하는 치명적인 방사성 물질들이 주로 반경 30킬로미터 내에 집중되기 때문 아닌가요?"

"맞아요. 원전 사고가 터지면 방사성 물질이 사방으로 퍼집니다. 방사성 물질은 바람을 타고 먼 곳까지 가지만, 많은 양이 무게 때문에 사고 지점 30킬로미터 내에 떨어져요. 이런 이유에서 체르노빌, 후쿠시마 모두 30킬로미터를 피난 구역으로 지정했어요. 한국은 원전 주변의 인구가 세계에서 가장 많답니다. 게다가 원전 밀집도_{좁은 지역에 빽빽이 모여 있는 정도}도 세계 1위죠."

기주가 차분하게 설명했다.

"국토가 좁으니 어쩔 수 없는 거 아닌가요? 좁은 땅에 사람은 많고, 그러니 인구 밀도가 상대적으로 높을 수밖에 없지요. 이런 것까지 원전을 타박해선 안 되죠."

기주의 설명을 듣고 있던 준수가 반박했다.

"좁은 국토가 원전 탓은 아니지만 좁은 국토에 그토록 위험한 시설을 세운 게 문제죠. 좁은 국토의 변두리에 원전을 빽빽하게 세우다 보니, 원전의 수혜자와 원전 및 송전탑 건설 등으로 피해를 보는 피해자가 나뉘게 된 거예요."

"그거야 앞서 토론에서 지적한 것처럼 자원이 부족해서 많은 자원을 수입할 수밖에 없는 현실 때문입니다. 2015년 기준으로, 한국인의 1인당 석유 소비량은 세계 5위를 기록했습니다. 현 상황에서 원전 말고는 다른 대안이 없잖아요."

기수와 준수가 공격과 방어를 이어 갔다.

"대안은 있어요. 우리가 선택하지 않을 뿐입니다. 지난번 신·재생 에너지 토론 때 확인하셨잖아요."

슬기가 발끈하며 핏대를 세웠다. 그러자 사회자가 곧바로 개입했다.

"자, 자, 그 부분은 지난 시간에 충분히 토론했으니까 더는 언급하지 말도록 합시다. 그렇게 되면 토론이 원점으로 돌아가겠지요?"

원전 반대는 지역 이기주의일까?

사회자의 개입으로 토론이 잠시 중단됐다. 슬기가 발언을 이어 갔다.

"다른 대안을 무시한 결과는 끔찍할 겁니다. 고리 원전에서 사고가 발생하면 수많은 이재민을 어떻게 하죠? 혹시 연평도 포격 사건 알고 계세요? 2010년 11월, 북한이 연평도에 170여 발의 포탄을 퍼부었어요. 그때 섬 주민 천여 명이 다급하게 피난을 나왔습니다. 그들이 어디로 갔을까요? 이재민 천여 명을 수용할 시설이 마땅히 없자 찜질방에 갔어요. 찜질방이 국가 공인 피난 시설이 된 겁니다. 천 명의 임시 거처도 마련 못 해서 난리였는데, 300만 명을 감당할 수 있을까요?"

이번엔 지영이 수비 역할을 맡았다.

"그런 일이 안 일어나도록 해야겠죠. 원자력 발전소를 반대하는 것은 님비*가 아닐까요? 어떤 시설이 국가 전체에 꼭 필요함에도 불구하고, 자기 지역은 절대 안 된다고 생각하는 건 옳지 않습니다. 이건 차별의 문제가 아니라 이기주의의 문제죠. 님비가 횡행하면 결국 소수의 피해를 막으려다 다수가 피해를 보는 일이 벌어지게 됩니다."

슬기가 지영의 물음에 반문했다.

"다수의 피해와 소수의 피해, 둘 중에서 하나를 선택해라? 이렇게 선택지를 제한하면 소수의 피해를 선택할 수밖에 없어요. 그런데 이건 아주 잘못된 관점이라고 봅니다. 원전 문제에 관한 한 그런 선택지만 있는

 ※ 님비(NIMBY)는 'Not In My BackYard(내 뒷마당은 안 돼.)'의 줄임말로, 지역 이기주의 현상을 가리킨다. 자기가 사는 지역에 방폐장, 화장터, 쓰레기 매립장 등 혐오 시설이 들어오는 것을 반대하는 태도이다.

건 아니니까요. 그 문장을 이렇게 바꿀 수 있지 않을까요? '누군가 피해 보는 발전 방식과 아무도 피해 보지 않는 발전 방식 중 하나를 선택하라.' 신·재생 에너지로 전환하면 아무도 피해 보지 않습니다. 만약 원전이 국가적으로 반드시 필요한 시설이라고 한다면, 님비라고 비난할 수도 있겠죠. 그러나 원전의 대안은 분명히 있습니다."

지영도 물러서지 않았다.

"여러 차례 강조했지만, 당장은 신·재생 에너지 전환이 어려워요. 신·재생 에너지가 완전하고 실질적인 대안으로 자리 잡기 전까진 원전에 기댈 수밖에 없습니다. 원전에 의존하는 것은, 원해서 그렇게 하는 게 아니라 어쩔 수 없는 현실입니다. 상황이 이런데도 자기 지역만 무조건 안 된다고 하면 될까요?"

슬기 대신 수비수로 나선 건 기주였다.

"좀 전에 저희 팀원이 국가적으로 반드시 필요한 시설이라고 한다면 님비로 비난할 수 있다고 했는데, 그 부분에 대해서 정정할게요. 설사 어떤 시설이 국가적으로 꼭 필요하다고 해도, 그것의 건립은 지역 주민의 의견을 반영하고 사회적 동의를 거쳐 추진해야 합니다. 그것이 민주주의 아닐까요? 필요하다고 무턱대고 밀어붙인다면, 사회는 끝없는 갈등과 대립을 겪게 됩니다. 어떤 결정이든 대화와 토론, 타협을 거쳐서 민주적으로 이뤄져야 합니다."

이번엔 준수가 공격수 역할을 맡았다.

"대화, 타협, 다 좋아요. 근데 민주주의의 기본 원리는 다수결 아닌가요? 다수가 결정한 내용이라면 소수도 따라야 합니다. 소수가 자기 생각이나 이익에 반한다고 다수의 결정에 반대한다면, 그건 이기주의밖에 안 되죠. 소수가 다수의 결정을 매번 거스른다면 사회는 제대로 돌아가기 어렵습니다. 사회 구성원이 다수의 결정을 존중하고 따라야 할 이유랍니다."

기주가 계속 방어했다.

"여러분은 이렇게 생각하는 건 아닐까요? 원전 후보지를 지방으로 아예 못 박은 후에 원전을 반대하는 건 이기적이다, 이렇게 말이죠. 다수결이 민주주의의 중요한 원리이긴 하지만, 다수결이 다수의 횡포로 변질돼선 안 됩니다. 그러려면 소수를 설득하고 달래는 노력이 필요합니다. 혐오 시설을 짓는다면, 해당 지역에 일정한 혜택과 보상을 제공함으로써 반대 여론을 무마하려는 노력을 함께해야 해요. 물론 돈보다 대화가 먼저겠죠."

다시 지영이 입을 열었다.

"사회에 필요한 시설을 건설할 때마다 사람들에게 일일이 의견을 물어보고 동의를 구한다면 오랜 시간이 걸립니다. 의사 결정의 비효율성이 너무나도 커지겠죠. 국가의 중대사를 결정하는 방법치고는 전혀 효율적이지 못해요. 무슨 일을 결정할 때마다 그런 식의 과정을 거친다면 비용도 만만치 않게 늘어날 겁니다."

지영이 끼어들자 슬기가 나섰다.

"비용이 먼저일까요, 사람이 먼저일까요? 사람은 누구나 건강하고 쾌적한 환경에서 살아갈 권리가 있습니다. 이를 환경권이라 해요. 원전이

든, 송전탑이든, 군사 기지든, 그런 시설에 맞서 지역 주민들이 환경권과 생존권을 요구하는 것은 당연한 권리예요. 여러분에게 단도직입적으로 묻겠습니다. 자기 동네에 그런 시설이 온대도 그렇게 말할 수 있나요? 그런 시설이 여러분의 동의 없이 들어와 삶의 터전을 망가뜨려도 그럴 수 있습니까?"

"……"

슬기의 갑작스러운 공격에 지영은 꿀 먹은 벙어리가 됐다. 반론은커녕 아무 말도 못 했다.

"원자력 발전소나 핵폐기물 처리장이 들어와도 두 팔 벌려 환영할 수 있나요? 그때도 신·재생 에너지는 아직 멀었다며 원전을 치켜세울 건가요? 가슴에 손을 얹고 솔직하게 말해 보세요."

슬기가 쐐기를 박겠다는 듯 다시 공격의 고삐를 죄었다.

"……."

이번에도 지영은 할 말을 찾지 못했다.

"그렇게 말할 수 없다면, 솔직하게 인정합시다. 안전하다는 그 말이 내 문제가 아닐 때만 유효한 거라고, 내 문제가 아닐 때만 진실이라고. 원자력 발전은 위험할뿐더러 정의롭지도 않습니다. 원자력 발전이 누군가의 희생을 요구하기 때문이죠. 일본의 한 교수는 원자력 발전을 한마디로 희생의 시스템이라고 했습니다. 누군가의 희생을 강요하는 에너지는 정의로운 에너지가 아닙니다."

슬기가 의기양양한 표정으로 마무리를 지었다.

"일방적 희생으로만 보기 어려운 게, 그렇게 생산한 전기를 원전 인근 주민들도 쓰지 않나요? 마치 원전 주변 주민들만 전적으로 희생을 하고, 대도시 주민들은 혜택을 누린다고 말하는 것은 사실에 맞지 않아요. 또, 원전이 들어서는 지역의 주민들에게는 이주 보상금이 주어집니다. 이런 보상금을 노리고 원전 예정지에 투기 세력이 몰려들기도 하죠. 보상금이 적지 않다는 증거입니다. 이래도 일방적 희생인가요?"

준수가 꺼져 가는 불씨를 살리려고 안간힘을 썼다.

"희생의 대가로 누가 가장 이익을 볼까요? 대도시의 주민들? 그들도 전기의 혜택을 누리고 있으니 이익을 전혀 안 본다고 할 순 없겠죠. 그러나 진짜 수혜자는 따로 있습니다. 바로 대기업입니다. 우선 기업은 산업용 전기를 싸게 사용하죠. 한국의 산업용 전기 요금은 다른 경제 협력 개발 기구 OECD 회원국과 비교해서 가장 싼 수준입니다. 또, 원전 산업은 실질적

으로는 독과점* 체제를 유지합니다. 주요 기기를 거의 독점으로 공급하는 두산 중공업, 과점 형태인 주 설비 공사를 따내는 삼성 물산, 현대 건설, SK 건설과 같은 대기업들이 막대한 이익을 거두고 있습니다."

기주가 불씨를 끄려는 듯 단호히 말했다. 기주가 발언을 마치자 이어서 슬기가 말을 꺼냈다.

"제 친구 얘기를 들려 드리죠. 함께 유치원을 다닌 친구인데요, 지금은 경주에서 살고 있답니다. 원래는 원전 문제에 거의 관심 없는 친구였어요. 그러다 문득 원전의 안전성을 의심하게 됐답니다. 경주에서 큰 지진이 일어난 후부터죠. 지진 탓에 뜬눈으로 밤을 새운 아침, 문득 세상이 달리 보였다고 합니다. 곧장 원전의 위험성과 대안에 대해서 찾아보았지요. 경주에는 핵폐기물 처리장 방사능 수치가 높지 않은 중·저준위 폐기물 처리장이 있습니다. 우리들은 경주에서 멀리 떨어져 있어서 경주만큼 지진의 세기를 절감하진 못했습니다. 근데 여러분이 사는 집이 흔들리고 담장이 무너지고 유리창이 깨진다면 어떻겠어요? 두려움에 떨며 밤잠을 설치지 않아도, 상

* 독점과 과점 : 독점은 한 기업이 시장을 지배하는 경우를 말한다. 쉽게 말해, 시장에서 상품을 공급하는 기업이 하나밖에 없는 것이다. 독점 기업은 공급량은 물론이고 가격도 마음대로 조절한다. 과점은 몇몇 기업이 공급의 대부분을 장악하는 경우를 뜻한다. 독점이 한 기업의 시장 지배 체제라면 과점은 몇몇 기업의 시장 지배 체제이다. 독점과 과점을 아울러 '독과점'으로 부른다.

상만으로도 공포와 위험이 느껴지지 않나요? 바로 여기에서 시작해야 합니다. 우리가 느끼는 불안과 공포를 외면하지 말고, 어떻게 하면 다 함께 안전한 세상에서 살 수 있을지 진지하게 고민해야 합니다. 문제의 해결은 어떤 것이 문제라고 인식하는 것에서부터 시작합니다."

슬기의 발언으로 분위기가 숙연해졌다. 의자 끄는 소리만 이따금 들릴 뿐, 교실 안은 쥐 죽은 듯 조용했다. 슬기 얘기를 가만히 듣고 있던 사회자가 드디어 입을 열었다.

"좋아요. 반대 팀의 최종 발언을 잘 들었습니다. 결국 원전보다 안전이라는 얘기군요. 오늘 토론한 사회적 갈등을 포함해서, 지금까지 원전을 둘러싼 주요 쟁점들을 모두 다룬 것 같군요. 매번 토론회 준비하느라 다들 고생 많았죠? 그동안 수고 많았습니다. 이제 와서 하는 얘기지만, 여러분의 열정적인 모습을 보면서 저도 느끼고 배운 바가 적지 않답니다. 마지막으로 각 팀에서 한 명씩 정리 발언을 하는 것으로 토론을 끝내도록 할게요."

사회자의 진행으로 각 팀의 대표가 마무리 발언을 한 뒤 박수를 치고 토론을 마쳤다. 이어진 총평 시간에는 의외의 장면이 연출됐다. 지난 토론회 동안 팽팽히 맞섰던 두 사람이 화해의 악수를 나눴던 것이다. 그 주인공은 지영과 슬기였다. 먼저 화해의 손을 내민 건 지영이었다.

"솔직히, 처음엔 상대 팀을 얕잡아 봤어요. 근데 토론회를 거듭할수록 만만치 않다는 걸 느꼈죠. 상대 팀에게 궁금한 점이 있는데, 첫 번째 토론회에서 일부러 실력을 숨긴 건가요?"

대범이 호탕한 웃음을 터뜨렸다.

"하하하. 일부러 그럴 리가 있나요. 솔직히, 첫 번째 토론회를 진행하고 저희 팀원 모두 완전 우울 모드였어요. 여러분의 실력이 너무 뛰어나서 거의 자포자기 심정이었죠. 이후 정말 열심히 준비했던 것 같아요. 좀 과장하면, 지난 5주간 죽을 만큼 열심히 했어요."

"그랬군요. 역시 노력 앞에선 장사가 없네요. 상대 팀의 노력에 박수를 보냅니다. 그리고 토론하면서 저랑 한 분이 자주 부딪쳤던 것 같은데, 다들 아시죠?"

다들 지영의 솔직한 고백에 잠시 멈칫했지만, 이내 상황을 파악하고 즐겁게 받아들였다.

"그 사람과 쌓인 감정을 풀었으면 좋겠네요."

"네, 저를 가리키신 것 같은데요."

슬기가 눈웃음을 지으며 손가락으로 자신을 가리켰다.

"귀신같이 아시네요?"

지영도 웃으면서 농담을 던졌다. 두 사람은 악수를 하며 그간의 오해와 감정을 풀었다. 사실 서로에게 개인적인 감정은 없었다. 둘 다 토론에 열중하다 보니 벌어진 일이었다.

"자 그럼, 그동안 서로 수고했다는 격려의 뜻으로, 또 오늘 특별히 화해한 두 사람에게 축하의 뜻으로 크게 박수 한번 칠까요? 다 함께 박수!"

사회자의 말이 끝나기도 전에 힘찬 박수 소리가 쏟아졌다. 드디어 모든 일정이 끝났다. 대범 팀은 홀가분했다. 처음에는 어떡하든 버티기만 하자고 생각했는데, 중반 이후부터는 점차 해 볼 만하다는 생각이 들기 시작했다. 그때는 어쩌면 이길 수 있겠다는 생각까지 잠깐 했다. 그러나 아쉽게도 최종 결과는 상대 팀이 본선에 올라갔다. 두 팀의 희비가 엇갈렸다. 일말의 기대가 실망으로 바뀌긴 했지만, 홀가분한 마음이 더 컸다. 승패보다 더 소중한 것들을 얻어서일까? '비록 지긴 했지만, 이상하게도 이긴 느낌이다.' 대범은 그런 생각마저 들었다.

　대범, 기주, 슬기, 세 사람은 운동장으로 달려갔다. 운동장에는 몇몇

아이들이 이미 공을 차고 있었다. 화단가에서 여자애들이 까르르 웃으며 뛰어다녔다. 슬기가 여자애들 옆으로 내달리며 골대 쪽으로 공을 뻥 찼다. 햇빛을 받은 슬기의 머릿결이 눈부시게 찰랑거렸다. 파란 하늘과 오후의 따사로운 햇살 아래서 모두 행복해 보였다.

함께 정리해 보기
원전을 둘러싼 사회적 갈등에 대한 쟁점

원전을 찬성한다 | **논쟁이 되는 문제** | **원전을 반대한다**

원전을 찬성한다	논쟁이 되는 문제	원전을 반대한다
사람이 적게 사는 지역에 원전을 세우는 것은 어쩔 수 없다.	원전 건설은 차별일까?	소외 지역에 원전을 세우는 것은 엄연한 차별이다.
소수뿐만 아니라 다수도 피해를 본다.	원전 피해는 소수의 문제일까?	다수가 피해를 보더라도, 소수의 피해가 더 크다.
국가적으로 꼭 필요한 시설을 반대하는 것은 지역 이기주의다.	원전 반대는 지역 이기주의일까?	생존권과 환경권을 요구하는 것은 지역 이기주의가 아니다.

원전을 둘러싼 사회적 갈등을 뜯어보면서 원전이 모두를 위한 에너지인지 생각해 봐야 해.

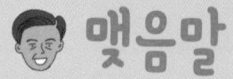 맺음말

　1770년 영국의 탐험가 제임스 쿡 선장은 우연히 호주 땅을 밟았습니다. 쿡 선장은 그곳에서 이상하게 생긴 동물을 발견했죠. 배에 주머니가 달려 있고, 그 주머니에 새끼를 넣고 다니는 동물이었습니다. 쿡 선장이 말이 통하지 않는 원주민에게 다가가 손짓 발짓을 해 가며 그 동물의 이름을 물었어요. 원주민은 고민하다가 '캥거루'라고 대답했습니다. 나중에 밝혀진 사실에 따르면, '캥거루'란 원주민들의 토속어로 '나는 모른다.I don't know.'란 뜻이었다고 합니다. 말이 통하지 않는 이들 사이에서 언어로 인해 빚어지는 오해를 잘 보여 주는 사례입니다.

　원전과 관련해서 언어의 소통 문제를 고민하는 과학자들이 있습니다. 원전과 언어? 왠지 안 어울리는 조합이죠. 핵폐기물 처리장의 존재를 모른 채 접근할지 모를 이들에게 위험하다는 경고를 어떻게 해야 할까요? 그들이 우리의 후손이든 지구를 찾은 외계인이든 말입니다. 우리는 '위험하다.'고 써 놨는데, 먼 미래의 누군가는 '안전하다.'고 읽을 수 있잖아요. 원주민의 말을 오해한 쿡 선장처럼 말입니다.

프랑스에서 제작한 다큐멘터리 영화 〈폐기물, 핵의 악몽〉(2009)에 등장하는 과학자들도 비슷한 고민을 했죠. 영화 말미에 소개된 고민인데요, 과학자들은 고준위 방폐장을 지을 적합한 땅을 확보한다 해도 어떤 재료로 건설할지, 또 시설을 설명하는 안내문은 어떻게 할지 심각하게 고민합니다.

그런 걸 왜 심각하게 고민하냐고요? 그냥 그 나라의 언어로 하면 되지 않냐고요? 문제가 생각보다 복잡하답니다. 가장 오래된 문자가 고작 5천 년 된 쐐기 문자라는 사실을 감안하면 수십만 년을 살아남을 언어를 찾는 일이 간단치 않음을 짐작할 수 있죠. 사정이 이렇다 보니, 핵폐기물 처리장을 인류의 기억에서 아예 지워 버리자는 제안까지 나옵니다. 아무런 표시를 남기지 않음으로써 애초에 접근을 못 하게 하자는 거죠. 사실, 10만 년의 풍화를 견딜 건축 재료를 찾는 일도 쉽지 않습니다. 아니, 인류는 그때까지 존재하기나 할까요? 이처럼 원자력 발전소는 참 특이한 발명품이랍니다. 원전의 특수성은 시공간을 뛰어넘는 문젯거리와 후유증을 남긴다는 점에 있죠.

첫째로, 방사능의 영향력은 공간을 가리지 않습니다. 만약 중국에서 원전 사고가 발생하면 어떻게 될까요? 중국의 원전은 동중국해를 따라 바닷가에 쭉 늘어서 있어요. 한국과 마주 보고 있는 하이양 원전에서 인천까지 거리는 400킬로미터에 불과합니다. 서울-부산 거리와 비슷하죠. 중국에서 원전 사고가 발생하면 한반도 전체가 24시간 이내에 방사능 직격탄을 맞게 됩니다. 방사능이 서쪽에서 동쪽으로 부는 편서풍을 타고 한반도를 덮칠 테니까요. 매년 봄철에 날아오는 황사를 떠올려 보면 금방 짐작이 되죠. 우리는 앉은 자리에서 방사능이 실린 황사 바람을 고스란히 뒤집어써야 합니다. 한반도의 동쪽에 위치한 후쿠시마와는 상황이 완전히 다릅니다. 이런 걱정을 하면, 우리 원전을 잘 관리하는 게 다 부질없어 보입니다. 우리가 아무리 잘해도, 중국발 재난은 막기 힘듭니다.

우리는 비슷한 사례를 체르노빌 원전 사고에서 찾을 수 있습니다. 체르노빌은 옛 소련에 속한 우크라이나의 옛 도시 이름이에요. 체르노빌 원전 사고는 우크라이나 말고도 벨라루스, 러시아 등 인접 국가에 피해를 줬고, 멀리 스웨덴과 영국 등지까지 영향을 미쳤습니다. 체르노빌이 내뿜은 '죽음의 재'로 인해 스웨덴에선 순록이,

영국에선 양이 집단 폐사하기도 했어요. 영국은 체르노빌에서 천 킬로미터 이상 떨어져 있었는데 말이죠. 방사능의 영향으로 유럽뿐만 아니라 북반구 전역에서 10~20년 동안 갑상샘 질환, 백혈병, 각종 암의 발병률과 기형아 출산율이 증가했습니다.

안타깝게도 중국은 원전 대국을 꿈꾸고 있습니다. 현재 가동 중인 원전은 51기에 달하고, 55기를 건설 중이거나 건설 예정이어서 몇 년 후에는 세계 최대의 원전 보유국이 될 전망입니다. 2030년이면 한국을 포함한 중국, 일본, 대만 등 동아시아에만 총 150기가 넘는 원전이 가동될 예정입니다. 그러면 전 세계 원전의 4분의 1이 이 지역에 빽빽하게 모이게 되지요. 원전 사고는 그 정도와 규모에 따라서, 인접국은 물론이고 전 세계에 직간접적 영향을 미칩니다. 원전 재난은 지구 온난화, 전염병의 세계적 유행, 테러 등과 함께 세계화된 오늘의 현실을 잘 보여 줍니다. 국경의 담장이 낮아지고 먼 나라도 하루 만에 가는 세계화 시대, 재난과 질병과 사고는 국지적이기보다 국제적입니다.

둘째로, 원전의 후유증은 세대를 뛰어넘어 이어집니다. 원전은 누군가의 희생을 먹고 삽니다. 그들은 앞에서 본 소외 지역의 주민들이기도 하고, 우리와 만날 길 없는 후손들이기도 합니다. 사실 원전의 본질이 그렇죠. 원전 부산물인 폐연료봉을 보세요. 여러 번 지적했듯 폐연료봉의 방사능은 10만 년이나 지속됩니다. 핵폐기물을 그때까지 관리해야 합니다. 최소가 그렇죠. 어떤 물질의 방사능이 반으로 주는 시간을 반감기라고 하는데, 일부 방사능 물질의 반감기는 10만 년이 넘습니다. 폐연료봉의 방사능이 소멸하기까지 최소로 10만 년을 잡아도 인간의 시간관념으론 영원에 가까운 시간이에요. 그렇다면 핵폐기물은 영원불멸한다고 볼 수 있어요. 거의 모든 생물의 목숨을 앗아가지만 자신은 죽지 않는 핵폐기물. 이 괴물은 살아 있는 생명의 피로 불멸을 이어 가는 드라큘라를 닮았습니다.

우리는 미래 세대에게 핵폐기물이라는 커다란 짐을 떠넘기고 있습니다. 고준위 폐기물 처리장을 짓고 관리하는 것부터가 큰 숙제랍니다. 현재 한국도 폐연료봉 처리의 고민을 안고 있습니다. 임시 보관소가 갈수록 차고 있습니다. 폐연료봉을 처리해야 하는데, 방법이 마땅치 않아요. 폐연료봉의 처리 방법은 두 가지입니다.

첫째는 재처리 방식으로 방사능을 줄이는 것이고, 둘째는 영구 봉인하는 것이죠. 현재로선 안전을 담보하지 못하는 재처리 기술 대신에 영구 보관이 나아 보입니다. 그런데 고준위 폐기물 처리장이 전 세계 어디에도 없다는 사실을 알고 있나요? 핀란드 등에서 폐기장 건설을 추진하고 있지만, 갈 길이 여전히 멉니다. 일단 폐기물을 영구 보관할 장소를 찾는 게 쉽지 않습니다. 수만 년 뒤의 기후 변화는 물론이고 지진, 화산, 홍수, 전쟁 등 수많은 위험으로부터 안전한 곳을 찾아야 하기 때문이죠. 그런 곳이 있기나 할까요?

운 좋게 최적의 장소를 찾더라도 방사능 물질이 문제없이 안전하게 관리될지도 의문입니다. 1959년 미군이 그린란드의 빙하를 뚫고 지하에 비밀 기지를 만들어 핵실험을 했습니다. 이후 기지를 폐쇄하면서 핵폐기물도 그대로 묻어 버렸죠. 당시엔 얼음이 녹을 생각을 못해서 폐기물이 안전하게 묻혀 있을 걸로 예상했어요. 그런데 최근 빙하가 빠르게 녹아내리면서 핵폐기물이 노출될 위기에 처했습니다.

이처럼 핵은 현세대의 풍요를 위해 미래 세대의 희생을 요구합니다. 사후 관리부터 사후 처리 비용까지 모두 다음 세대에게 떠넘기죠. 혜택은 현세대가 누리고, 책임은 미래 세대가 집니다. 원전의 후유증과 고통은 한 나라에서, 또 한 세대에서 끝나지 않을 겁니다. 지금 우리에게 절실히 요구되는 것은 책임 전가와 비난이 아니라 상호 연대와 공감이랍니다. 그것은 동시대인(소외 지역, 이웃 나라)뿐만 아니라 미래 세대에게도 해당합니다.

참고 문헌

강양구, 《아톰의 시대에서 코난의 시대로》, 사이언스북스

고이데 히로아키, 《후쿠시마 사고 Q&A》, 무명인

고이데 히로아키, 《원자력의 거짓말》, 녹색평론사

국회 예산정책처, 〈원자력 발전 비용의 쟁점과 과제〉

기상청, 〈한반도 역사 지진 기록〉

김남규 외, 《에너지 패러다임의 미래》, 지식갤러리

김명진 외, 《탈핵》, 이매진

김성환 외, 《한국 원전 잔혹사》, 철수와영희

김익중, 《한국 탈핵》, 한티재

김익중 외, 《탈핵 학교》, 반비

김현우, 《정의로운 전환》, 나름북스

김현우, 〈탈핵의 이론과 현실〉

김현우, 〈핵발전의 두 가지 대안〉

다카하시 데쓰야, 《희생의 시스템 후쿠시마 오키나와》, 돌베개

다쿠키 요시미쓰, 《3·11 이후를 살아갈 어린 벗들에게》, 돌베개

밀양 할매 할배들, 《탈핵 탈송전탑 원정대》, 한티재

박병상 외, 《지구를 생각한다》, 해나무

박은진, 《세상이 멈춘 시간, 11시 2분》, 꿈결

스베틀라나 알렉시예비치, 《체르노빌의 목소리》, 새잎

신부용, 《대안 없는 대안 원자력 발전》, 생각의나무

에너지경제연구원, 〈원자력 발전의 경제적, 사회적 비용을 고려한 적정 전원 믹스 연구〉

에너지기후정책연구소, 《초록발광》, 이매진

염광희, 《잘 가라, 원자력》, 한울

오시카 야스아키, 《멜트다운》, 양철북

오창환, 〈한반도의 지진 위험과 핵발전소〉

이상헌 외, 《위험한 동거》, 알트

이케우치 사토루, 《핵을 넘다》, 나름북스

장바티스트 드 파나피, 《원자력이 아니면 촛불을 켜야 할까》, 내인생의책

장성익, 《환경에도 정의가 필요해》, 풀빛

정연미 외, 〈에너지 미래를 누가 결정하는가?〉

존번 외, 《에너지 혁명》, 매일경제신문사

찰스 페로, 《무엇이 재앙을 만드는가?》, 알에이치코리아

최열 외, 《10대와 통하는 탈핵 이야기》, 철수와영희

탈바꿈프로젝트, 《탈바꿈》, 오마이북

캠팩트, 《폐쇄하라!》, 한얼미디어

클로드 알레그르, 《원자력, 대안은 없다》, 흐름출판

토니 세바, 《에너지 혁명 2030》, 교보문고

하승수, 《착한 전기는 가능하다》, 한티재

하승수 외, 《행복하려면 녹색》, 이매진

한국전력, 〈한국과 OECD 주요 국가 간 전기요금 수준 비교분석 차이점〉

한홍구 외, 《후쿠시마 이후의 삶》, 반비

현대경제연구원, 〈원전의 드러나지 않는 비용〉

히로세 다카시, 《원전을 멈춰라》, 이음

히로세 다카시, 《체르노빌의 아이들》, 프로메테우스

단행본은 《 》로, 논문 및 보고서는 〈 〉로 표기합니다.